フライパンおかず
Frying pan Okazu

この本のレシピは、どれも、
フライパン1つで作れるものばかり。
気軽に使えて、扱いがらくなフライパンだから、
はじめてでも、きちんとおいしく作れます。
料理初心者の方、仕事や育児で料理をする時間が
限られているという方にもぴったりです。

フライパンで作るおかずなら、毎日の食事作りが
もっとらくに、楽しくなります。

ベターホーム協会

フライパンおかず
Frying pan Okazu

この本のきまり

○計量の単位
大さじ1＝15ml　小さじ1＝5ml
カップ1＝200ml　ml＝cc
○「スープの素」はビーフ、チキンなどの味がありますが、お好みでかまいません。
○電子レンジは、500Wの加熱時間のめやすです。600Wなら、0.8倍の時間にしてください。
○それぞれの料理に、おすすめの献立例をのせています。これに、ごはんやパンなどの主食を加えてください。

○マークの説明

お弁当
さめてもおいしい、お弁当にも向くおかずです。多めに作って、くり回せます。

日もち
保存がきくおかずです。保存期間のめやすは保存容器に入れ、冷蔵庫で2～3日。

目　次

肉のおかず

豚肉
豚肉とアスパラガスのいためもの …… 08
しょうが焼き …… 10
豚ヒレ肉のソテー 豆乳ソース …… 12
豚肉とオクラのチャンプルー …… 14
豚肉と野菜のソテー ピリ辛ソース …… 16
豚肉のソテー マスタードソース …… 17
豚かたまり肉とさつまいもの煮こみ …… 18
豚肉となすのみそいため …… 19
だいこんと豚肉の煮もの …… 20
白いんげん豆と豚肉のスープ煮 …… 21

とり肉
ハーブバターのチキンカツ …… 22
とり肉のねぎソースがけ …… 24
とり肉の香草焼き …… 26
とり肉のトマト煮 …… 28
とり肉ときのこのワイン蒸し …… 30
とり肉の照り煮の親子丼 …… 31
とり肉と野菜のこっくり煮 …… 32
とり肉のごまつけ焼き …… 33

牛肉
牛肉とブロッコリーの
　オイスターいため …… 34
プルコギ …… 35
牛肉とごぼうのいため煮 …… 36
ワンプレートステーキごはん …… 38
ハッシュドビーフ …… 40
焼き肉のスープかけごはん …… 41

ひき肉
具だくさんのひき肉オムレツ …… 42
ひき肉と豆のカレー …… 44
れんこんのつくね焼き …… 46
大きなひき肉だんごのスープ煮 …… 48
ひき肉あんの中国風茶碗蒸し …… 49
具だくさんのぎょうざ風お焼き …… 50

魚介のおかず

- いわしのイタリアンソテー …… 52
- さけのさっと揚げ …… 54
- さけのムニエル　タルタルソース …… 56
- さけの紙包み焼き …… 57
- えびとブロッコリーの
  マヨネーズいため …… 58
- あじの酢煮 …… 60
- いかの甘から煮 …… 61
- いかとトマトのバジルいため …… 62
- うなぎととうふのいためもの …… 64
- さわらのみそ漬け焼き …… 65
- かじきの香りパン粉焼き …… 66
- かじきのソテー　韓国風ソース …… 67
- たいのアクアパッツァ …… 68
- さんまのかば焼き丼　ナムル添え …… 70
- かつおと香味野菜のサラダ風 …… 72
- たこのキムチいため …… 74
- さばソテーのごま酢だれ …… 75
- きんめだいの煮つけ …… 76
- かに入りふわたま丼 …… 77
- ぶりの中国風蒸し　野菜ソース …… 78

野菜たっぷりのおかず

- 野菜と豚肉の揚げびたし …… 80
- チーズ入りかぼちゃコロッケ …… 82
- 焼き野菜のマリネ …… 83
- 中華飯 …… 84
- ミネストローネ …… 86
- はくさいと青菜のクリーム煮 …… 87
- マーボーもやし …… 88
- 長いもとれんこんのいためもの …… 90
- カレー風味の焼きビーフン …… 91
- キャベツとあさりの蒸し煮 …… 92
- キャベツとソーセージのスープ煮 …… 93

- この本で使うフライパンについて …… 04
- 上手にはかって、料理をおいしく …… 06

知っておくと便利な　調理ワザ

- しょうがの皮は、むく？　むかない？ …… 10
- 生クリームが残ったら？ …… 12
- とうふの水きりは、電子レンジで …… 14
- 常備しておきたい　豆の水煮缶 …… 21
- バジルが残ったら？ …… 22
- フリージングのワザ　トマト水煮缶詰 …… 28
- ドミグラスソースが残ったら？ …… 40
- フリージングのワザ　ひき肉 …… 42
- 電子レンジで作るフレッシュトマトソース …… 52
- フライパンで揚げものをするとき …… 54
- えびをプリッとおいしく …… 58
- フリージングのワザ　いか …… 62
- あさりの砂抜き …… 68
- 揚げびたしは常備菜におすすめ …… 80

知っておくと便利な、食材

- フライドオニオン、にんにくチップス …… 38
- ひよこ豆 …… 44
- バルサミコ …… 66
- 豆板醤（トーバンジャン）・甜面醤（テンメンジャン） …… 88
- ビーフン …… 91

残り野菜の、かんたんレシピ

- ズッキーニのアンチョビいため …… 26
- ごぼうチップス …… 36
- にらのチヂミ …… 70

さくいん …… 94

編集／ベターホーム協会
料理研究／ベターホーム協会（浜村ゆみ子ほか）
撮影／大井一範
デザイン／山岡千春

About frying pan

この本の料理は、深めのフライパン1つですべて作れます
（直径24cm×深さ6.5cm）

1. サイズ　Size

いろいろなサイズや大きさのフライパンが出回っています。この本のレシピは2人分。直径24〜26cmのフライパンが作りやすく、使いやすいでしょう。

2. 深さ　Depth

深さもまちまちですが、深め（約5cm以上）のフライパンは、鍋や中華鍋代わりにもなるので、いろいろな調理をこなせます。この本の料理で使っているのは、直径24cm×深さ6.5cmのフライパン1つです。

ステーキや魚のソテー、少量のいためものをよく作るなら、浅いフライパンが、小回りがきくので、使いやすいでしょう。

3. フッ素樹脂加工 Fluorocarbon resin

　この本のレシピは、フッ素樹脂加工のフライパンを使用します。フッ素樹脂加工のものは、こげつきにくいのが長所。いためものなど、鉄製のフライパンの半量ほどの油でも、こげつかずにいためられます。ただ、フッ素樹脂加工がはがれると、かえってこげつきやすくなります。金属製のへらは傷をつけるので避け、洗うときは、スポンジのやわらかい面を使って洗います。

　フッ素樹脂は鉄よりも高温に弱いため（耐熱温度 約260℃）、から焼きや長時間の強火は、フッ素樹脂がいたむ原因となるので注意しましょう。また、製品によっては、揚げものをしないようにと注意書きのあるものもあります。その場合は、揚げものは避けたほうがよいでしょう。

4. ふた Cover

　フライパンに合わせて、同じサイズのふたも用意しておくと、煮こみ料理や、蒸し煮料理に役立ちます。ぎょうざや、ハンバーグなどは、ふたをして蒸し焼きにすることで、中までジューシーに、おいしく仕上げることができます。

フライパンについて

About measurement

上手にはかって、料理をおいしく

分量をはかる習慣をつけると、料理をいつもおいしく作ることができます。
野菜や魚などは、ひとつひとつ重さが違うので、よく使う材料の
おおまかな重さや、大きさを知っておくと応用がききます。

1. 計量カップ、計量スプーンで正しくはかる

計量器具
大さじは15ml、小さじは5ml、カップ1は200mlをさします。米のカップ1は180mlをさします。

計量スプーンで砂糖などをはかる
すりきりにした状態が大さじ1、小さじ1。½、⅓は、等分に分け、不要な分を除きます。

計量スプーンで液体をはかる
表面張力いっぱいに盛り上がった量です。

計量スプーンで½の液体をはかる
½量は、深さの半分より多めの量です。

2. 手ばかり・目ばかりでおおまかな分量を知る

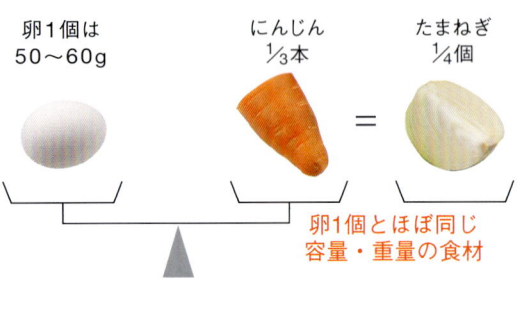

サラダ油大さじ1
大さじ1は、フライパンに流して、直径6〜7cmくらい。

バター10g
バター10gは、200gのバター1箱なら、縦半分にして、1cm幅に切ったものが、めやすです。買ったときに、切っておくと便利。

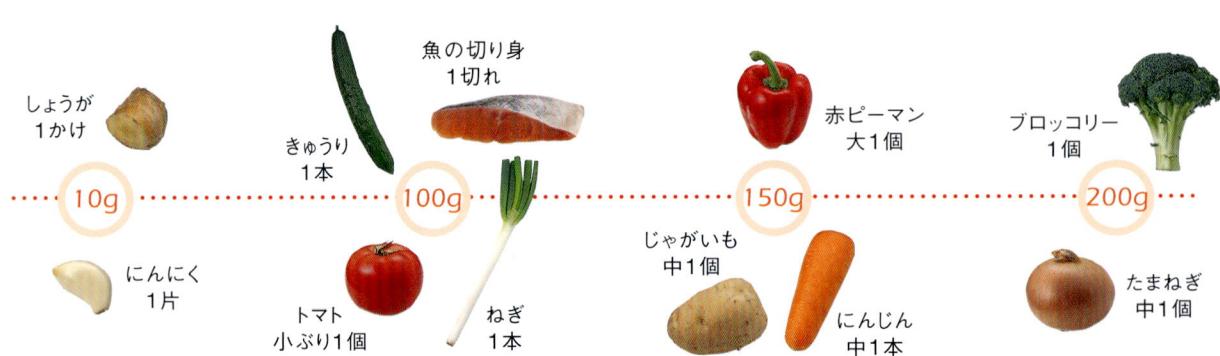

計量について

のおかず

豚肉
とり肉
牛肉
ひき肉

meat　　　meets　　　frying pan

いためる 豚肉とアスパラガスのいためもの

くせがなくて、ほのかな甘味がおいしいアスパラガス。
切っていためるだけなので、とにかくかんたん、おいしくできあがります

材料（2人分）
豚肩ロース肉（薄切り）……100g
A ┌ 酒……大さじ½
　├ 塩……少々
　└ かたくり粉……大さじ½
グリーンアスパラガス
（あれば細めのもの）……1束（100g）
エリンギ……1パック（100g）
しょうが……小1かけ（5g）
B ┌ 酒・しょうゆ……各大さじ1
　├ 塩……小さじ⅛
　└ 酢……小さじ1
ごま油……大さじ1

作り方
1. アスパラガスは、根元のかたいところを2cmくらい切り落とし、太い場合は縦半分にして、4～5cm長さの斜め切りにします。エリンギは長いものは半分に切り、2mm厚さに切ります。しょうがは皮をこそげて薄切りにします。
2. 肉は4～5cm長さに切り、Aをまぶして下味をつけます。Bは合わせます。
3. フライパンにごま油を温め、肉を広げながら入れます。強火で焼き、色が変わったら1を加えて、アスパラガスが少ししんなりするまで約2分いためます。Bを加えて、全体を混ぜます。

● 調理時間**15分**／1人分**225**kcal

献立例 ● トマトときゅうりのサラダ＋だいこんと油揚げのみそ汁

豚肉
とり肉
牛肉
ひき肉
魚
野菜

焼く しょうが焼き

おなじみの料理ですが、「味が決まらない」「こがしてしまう」という人も多いはず。
コツはしょうがをたっぷり使うこと。そして、すりおろしたものを入れずに汁だけ使うことです

材料（2人分）
豚肩ロース肉（しょうが焼き用）
　……200g
A ┌ しょうゆ……大さじ1½
　│ 酒……大さじ1
　└ しょうが汁……大さじ½*
サラダ油……大さじ½
＜つけ合わせ＞
キャベツ……2枚
ラディッシュ……2個

*しょうが約15gをすりおろします

作り方
1. トレーにAを合わせます。肉を1枚ずつ広げながら入れて、約10分おきます。途中で裏返します。

2. キャベツはせん切りにします。ラデュッシュは切りこみを入れます。

3. フライパンに油を温め、肉を1枚ずつ広げながら入れ、強めの中火で焼きます。焼き色がついたら裏返し、同様に焼き、残ったAをかけ、からめます。

4. 器に肉と野菜を盛ります。

● 調理時間 **25分**／1人分 **310**kcal

お弁当
日もち

しょうがの皮は、
むく？むかない？

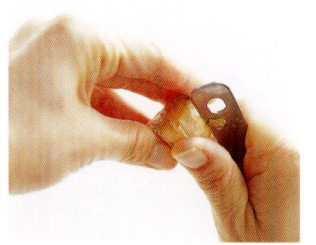

しょうがの香りは、皮のすぐ下が強いので、汁を使うときは、皮ごとおろしてしぼります。皮をむくときは、スプーンの柄でこそげるようにすると、へこんだところもきれいにむけます。

献立例 ● かぼちゃの煮もの＋とうふとなめこのみそ汁

- 豚肉
- とり肉
- 牛肉
- ひき肉
- 魚
- 野菜
- お弁当
- 日もち

 焼く

豚ヒレ肉のソテー 豆乳ソース

体にいい飲みものとして、人気の豆乳。
ソースに使うとコクが出て、まろやかな味わいになります

材料（2人分）
豚ヒレ肉（かたまり）……160g
　塩……小さじ⅙
　あらびき黒こしょう……少々
小麦粉……小さじ2
たまねぎ……½個（100g）
マッシュルーム水煮缶詰（スライス）
　……40g
バター……20g
A ┌ 豆乳（成分無調整）……150ml
　│ 生クリーム……100ml
　│ 白ワイン……カップ¼
　└ 塩……小さじ¼
＜つけ合わせ＞
かぼちゃ……80g
スプラウト……½パック（25g）
温かいごはん……250g
（あれば）パセリのみじん切り……少々

作り方
1. 豚肉は1cm厚さに切り、塩、こしょうをまぶして約5分おきます。小麦粉を薄くまぶします。
2. たまねぎは薄切りにします。マッシュルームは汁気をきります。
3. かぼちゃは8mm厚さに切り、ラップをかけて電子レンジで約1分30秒加熱します。スプラウトは根元を切り落とします。
4. 深めのフライパンにバター10gを溶かし、肉を入れます。中火で肉の両面を3〜4分ずつ焼いて、中まで火を通します。とり出します。
5. 続けてバター10gを入れ、たまねぎをしんなりするまで弱めの中火でいためます。マッシュルーム、Aを加え、2〜3分煮ます。肉をもどし入れ、ソースをからめながらさっと煮ます。
6. 器に**3**、ごはん、**5**を盛ります。肉にこしょうをふり、ごはんにパセリのみじん切りをかけます。

● 調理時間 **20分**／1人分 **698**kcal

生クリームが残ったら？

生クリームは、開封したら早めに使いきりたいもの。残ったら、オムレツやフレンチトーストの卵に混ぜても。また、泡立てれば冷凍もできます。コーヒーやココアに。スプーン1杯ずつトレーに置いて、冷凍庫で固め、小分けにしておくと便利です。固まったら冷凍用保存袋（または容器）に入れて保存します（保存のめやす1〜2週間）。

献立例 ● キャベツのスープ＋グレープフルーツゼリー

いためる 豚肉とオクラのチャンプルー

オクラは1パック使いきり。シンプルな味つけで、食欲のないときでも
さっぱり食べられます。ゴーヤのにが味がちょっと…という人にも、おすすめの味です

材料(2人分)
豚もも肉(薄切り)……100g
　塩……少々
オクラ……1パック(100g)
もめんどうふ……200g
卵……1個
けずりかつお……1パック(3g)
A [酒……大さじ1
　　しょうゆ……大さじ½]
サラダ油……大さじ1

作り方
1. オクラは塩小さじ¼(材料外)をふって、まな板の上でころがし、うぶ毛をとります(板ずり)。洗って、がくをけずり、斜め半分に切ります。豚肉は3cm幅に切り、塩少々をもみこみます。

2. とうふは縦半分にして、1cm厚さに切ります。ペーパータオルに包んで、電子レンジで約1分30秒加熱し、水きりします(左下参照)。水気をふきとります。

3. 卵はときほぐします。

4. フライパンに油を温めます。豚肉ととうふの両面を強めの中火でいためます。フライパンの端に寄せます。

5. フライパンのあいているところに、オクラを加えていためます。油がまわってオクラの色が鮮やかになったら端に寄せ、あいたところにとき卵を加えます。卵が半熟状になったら、全体を軽く混ぜ、Aとけずりかつおを加えてひと混ぜします。

● 調理時間 **15分**／1人分 **285**kcal

とうふの水きりは、電子レンジで

とうふをいためるときは、水きりすると、とうふがしまって、くずれにくくなります。ペーパータオル2枚でとうふを包み、ラップをせずに電子レンジで、1丁(300g)につき約2分をめやすに加熱します。あら熱がとれたらペーパーをとり除き、ざるにのせます。

献立例 ● モロヘイヤとたまねぎのスープ

焼く 豚肉と野菜のソテー ピリ辛ソース

肉と同じくらい野菜がたっぷりとれ、ピリ辛のソースで、食欲が増します。立体的な盛りつけで、おしゃれに

材料（2人分）
豚肩ロース肉（しょうが焼き用）
　……150g
　塩……小さじ1/8
　こしょう……少々
なす……1個（70g）
ズッキーニ……1/2本（75g）
ししとうがらし……4本
サラダ油……小さじ2

たれ
　ねぎ……5cm
　しょうが……小1かけ（5g）
　にんにく……小1片（5g）
　しょうゆ……大さじ1
　すりごま（白）……小さじ1
　砂糖……小さじ1
　粉とうがらし*……小さじ1/4～1/2

*韓国食材の粉とうがらしは辛さがマイルド。なければ一味とうがらし少々を使います

作り方
1　なす、ズッキーニは5mm厚さの斜め切りにします。それぞれ塩少々（材料外）をふって約10分おき、水気をペーパータオルでふきます。ししとうはへたの先を切り落とし、斜め半分に切ります。ねぎ、しょうが、にんにくはみじん切りにします。たれの材料を合わせます。
2　肉は4～5cm長さに切り、塩、こしょうをふります。
3　フライパンに油小さじ1を温め、なすとズッキーニ、ししとうの両面をこんがりと焼き色がつくまで焼きます。とり出します。
4　油小さじ1をたし、肉を焼きます。両面を色よく焼いたらトレーにとり出し、たれ大さじ1をからめます。
5　器に野菜と肉を盛り、残りのたれをかけます。あれば糸とうがらし（材料外）をのせます。

● 調理時間 **20分**／1人分 **266kcal**

献立例 ● わかめスープ

焼く 豚肉のソテー マスタードソース

塩、こしょうをふっただけのシンプルソテー。マスタードのソースで
香りと酸味をきかせると、抜群の味わいになります

材料（2人分）
豚ロース肉（とんカツ用）……2枚（200g）
　塩・こしょう……各少々
小麦粉……大さじ1
オリーブ油……大さじ1
＜マスタードソース＞
粒マスタード……大さじ1
レモン汁……大さじ1/2
塩・こしょう……各少々
オリーブ油……大さじ1
＜つけ合わせ＞
エンダイブ・トレビス*……各1〜2枚
*レタスやグリーンリーフなどでも

作り方
1 つけ合わせの野菜は食べやすい大きさに切り、水に放してパリッとさせ、水気をきります。ソースの材料は合わせます。
2 肉はところどころ筋を切り、包丁や肉たたきで軽くたたきます。塩、こしょうをふります。小麦粉を両面にまぶします。
3 フライパンに油を温め、肉を入れ、中火で2〜3分焼きます。よい焼き色がついたら裏返し、火を弱めて2〜3分焼き、中まで火を通します。
4 器に肉を盛り、野菜を添えます。ソースをかけて食べます。
● 調理時間 **15分**／1人分 **422kcal**

献立例 ● ポテトサラダ＋コンソメスープ

煮る 豚かたまり肉とさつまいもの煮こみ

酢をかくし味程度に入れて煮ると、かたまり肉でも早くやわらかくなります。
ほどよく脂ののった肩ロース肉と、りんごの甘ずっぱさで深い味わいです

材料（2人分）
豚肩ロース肉（かたまり）
　　……250g
　塩……小さじ1/6
さつまいも……小1本（150g）
りんご*……1/2個（100g）
サラダ油……大さじ1/2
水……カップ2
A ┃ しょうゆ……大さじ1
　┃ 砂糖……小さじ1
　┃ 酢……小さじ1

*紅玉やあかねなど、酸味のあるものが、よりおいしくできます

作り方
1　豚肉は、かたまりのまま、全体に塩をまぶします。
2　さつまいもは2cm厚さの半月切りにし、水にさらしてアクを抜きます。水気をきります。
3　深めのフライパンに油を温め、さつまいもを入れます。中火で1〜2分いため、両面に焼き色がついたらとり出します（火が通っていなくてOK）。肉を入れ、強めの中火で肉の全面を焼きます。全体に焼き色がついたら、分量の水を加えます。強火にして、沸とうしたらアクをとり、ふたをして中火で約15分煮ます。途中1〜2回返します。
4　りんごは芯と皮をとり除き、薄いいちょう切りにします。3にさつまいもとりんご、Aを加え、再びふたをして7〜8分煮ます。さつまいもがやわらかくなったら、ふたをとり、りんごと煮汁をからめながら煮つめます。
5　肉をとり出して食べやすく切り、さつまいもとともに器に盛ります。

● 調理時間 **35分**／1人分 **472kcal**

献立例 ● みず菜のサラダ＋しいたけのみそ汁

豚肉となすのみそいため

いためる

なすのいためものは、油をたくさん使うからと敬遠されがち。
なすに塩をふって水につけておくと、なすがしんなりするので、油が少なくてすみます

材料（2人分）
豚ばら肉（薄切り）……100g
なす……3個（200g）
　塩……小さじ¼
ししとうがらし……10本
しょうが……1かけ（10g）
サラダ油……大さじ1
A ［砂糖……大さじ½
　赤みそ……大さじ1
　水……大さじ2
　みりん……大さじ½
　しょうゆ……大さじ½］

作り方
1　なすはへたを切り落とし、皮むき器でしま目に皮をむきます。1cm厚さの輪切り、または半月切りにします。塩をまぶし、ひたるくらいの水につけます。皿などで重しをし、5〜6分おいて水気を軽くしぼります。
2　ししとうは軸の先を切り落とします。しょうがは皮をこそげて薄切りにします。肉は5〜6cm長さに切ります。
3　Aは合わせます。
4　フライパンに油を温め、肉をいためます。色が変わったら、しょうがを加えます。

5　なすを加え、油がなじむまで3〜4分いためます。ししとうを加えて混ぜてAを加え、さらに1〜2分いためて、味をなじませます。
● 調理時間 **20分**／1人分 **314kcal**

献立例　● わかめときゅうりの酢のもの＋かきたま汁

煮る だいこんと豚肉の煮もの

急いで作りたいときは、肉をいためてコクを出した、「だし」いらずのいため煮がおすすめです。
時間のかかるだいこんは、薄く切れば短時間で煮えます

材料(2人分)
豚ばら肉(薄切り)……100g
生揚げ……1枚(200g)
だいこん……200g
万能ねぎ……2本
A [水……カップ¾
　　しょうゆ……大さじ1
　　砂糖……小さじ1
　　みりん……小さじ1]
ごま油……大さじ1

作り方
1 だいこんは7〜8mm厚さの半月切り、万能ねぎは3〜4cm長さに切ります。
2 豚肉は3〜4cm長さに切ります。生揚げは、熱湯をかけて油抜きします。縦半分に切り、7〜8mm厚さに切ります。
3 深めのフライパンにごま油を温め、だいこんを薄く色づくまでいためます。肉を加え、色が変わったらAを加えます。沸とうしたら、アクをとります。ふたをして弱火で7〜8分煮ます。
4 3に生揚げを加えて1〜2分煮ます。ふたをとり、全体を混ぜながら色よくなるまで煮つめます。万能ねぎを加えて混ぜます。

● 調理時間 **20分**／1人分**438kcal**

献立例 ● 長いもの酢のもの＋たまねぎのみそ汁

煮る 白いんげん豆と豚肉のスープ煮

とんカツ用の肉1枚で、油を使わずに作るスープ煮です。ほっくりと煮くずれたいんげん豆が、スープとなじんでいい味わいに。体が温まるひと品です

豚肉

とり肉

牛肉

ひき肉

魚

野菜

お弁当

日もち

材料（2人分）
- 豚ロース肉（とんカツ用）……大1枚（150g）
- A
  - 塩……小さじ¼
  - こしょう……少々
- たまねぎ……½個（100g）
- にんにく……1片（10g）
- 白いんげん豆（水煮）……1缶（150g）
- B
  - 水……カップ2
  - 白ワイン……大さじ2
  - スープの素……小さじ1
  - ローリエ……1枚
- 塩・こしょう……各少々
- パセリ……少々

作り方
1　たまねぎは2cm幅のくし形に切ります。にんにくは半分に切ります。
2　肉は1cm幅に切り、Aをふります。
3　深めのフライパンに肉とにんにくを入れて、こげないように中火で2〜3分じっくりいためます。
4　たまねぎを加えて軽くいため、Bと豆を加えます。沸とうしたらアクをとり、ふたをずらしてのせ、弱めの中火で約15分煮ます。
5　塩、こしょうで味をととのえます。器に盛り、パセリの葉をちぎってのせます。

● 調理時間 **25分**／1人分**334**kcal

常備しておきたい豆の水煮缶

体にいい豆。乾物からもどすのはたいへんですが、水煮なら、煮ものやサラダにすぐ使えます。缶詰やパックで売られているので、常備しておくと便利です。

献立例 ● ベビーリーフとツナのサラダ

揚げる ハーブバターのチキンカツ

ささみは淡泊な味わいですが、サクッとした衣と、バジル入りバターの香りが、食欲をそそります。カツといっても、フライパンでは1cm深さの油で揚げるので、手軽

材料（2人分）
とりささみ（筋なし）……3本（150g）
A ┌ 塩……小さじ¼
　 └ こしょう……少々
＜ハーブバター＞
　バター……10g
　バジルの葉……1〜2枚
　にんにく……小1片（5g）
グリーンアスパラガス……2本（30g）*
衣 ┌ 小麦粉……大さじ2
　 │ とき卵……大さじ2
　 └ パン粉……カップ½
サラダ油……適量
つまようじ……6本
＜つけ合わせ＞
サニーレタス……2枚
バジル……2枝
ミニトマト……6個
レモン（くし形切り）……¼個

*直径1cmくらいのものが作りやすい。太いものなら1本使います

作り方

1. ささみは、厚みを半分に切り開きます。アスパラガスは根元を切り落とし、かたい皮はむきます。太い場合は、縦半分に切ります。ささみの長さより短めに切ります。

2. サニーレタスは食べやすい大きさにちぎります。

3. ハーブバターを作ります。バターは室温にもどすか、電子レンジで約10秒加熱して、やわらかくします。バジルは細かくきざみ、にんにくはすりおろして、バターに混ぜます。

4. ささみにAをふります。中央にハーブバターを⅓量ずつ塗り、アスパラガスをのせます。縦長の両端を合わせ、つまようじ2本でとめます（写真左下）。衣を順につけます。

5. 深めのフライパンに約1cm深さまで油を入れ、中温（160〜170℃）に温めます。4を入れ、時々動かしながら、4〜5分揚げます。茶色く色づいたらとり出し、ようじを抜きます。*揚げもののコツはP.54。

6. カツを半分に切って器に盛り、サニーレタス、バジル、ミニトマト、レモンを飾ります。

● 調理時間 **30分**／1人分 **397**kcal

バジルが残ったら？

バジルはオイル漬けに。葉の水気をよくふきとって浅めのびんに入れ、オリーブ油をそそぎます。葉の色が薄くなったらとり出します。香りの移った油は、ソテーやドレッシングなどに使えます（保存のめやす約1か月）。

とり肉のねぎソースがけ

焼く

とり肉を、油を使わず、焼くだけのかんたんおかずです。おいしさを決めるのは、肉の焼き具合。いつもよりこだわって、皮はパリッと、中はジューシーに焼きあげましょう

材料（2人分）
とりもも肉……1枚（250g）
　にんにく……小1片（5g）
　塩……小さじ1/6
ねぎ……10cm
しょうが……小1かけ（5g）
A ┌ 砂糖……小さじ1 1/2
　│ しょうゆ・酢……各小さじ2
　└ ごま油……小さじ1/2
レタス……2枚

作り方
1. にんにくは、すりおろします。肉は身の厚い部分があれば、切りこみを入れ、厚みを均等にします。皮にフォークなどで軽く穴をあけます。肉ににんにくをすりこみ、塩をまぶして下味をつけます。

2. ねぎは長さを半分に切り、縦に切りこみを入れて、芯をはずします。外側の白い部分をせん切りにして、水にさらします。水気をきります。

3. ねぎの芯は、みじん切りにします。しょうがは皮をこそげて、みじん切りにします。Aと合わせ、ねぎソースを作ります。

4. レタスは、細切りにします。皿に敷きます。

5. フライパンに、肉を皮を下にして入れます。強めの中火にして、濃い焼き色がついたら裏返します。ふたをして弱火で約4分焼き、中まで火を通します。

6. ふたをはずして火を強めます。もう一度肉を裏返し、ペーパータオルで肉のまわりの油をふきとりながら、水分をとばして焼きます。しっかり焼き色がつき、皮がパリッとしたらとり出します。食べやすく切って、**4**の皿に盛ります。

7. 肉にねぎソースをかけ、せん切りのねぎをのせます。

● 調理時間**15分**／1人分**284**kcal

焼く とり肉の香草焼き

「から揚げ用」として切ってあるとり肉を使うので、切る手間なし。
ソースなしでも、ハーブの香りでおいしく食べられます

材料（2人分）
- とりもも肉（から揚げ用）……250g
- A ┌ 塩……小さじ¼
　　└ こしょう……少々
- タイム*……3〜4枝
- にんにく……小1片（5g）
- ＜つけ合わせ＞
- ズッキーニ……½本（75g）
- 赤ピーマン（大）……½個（75g）
-   塩……小さじ⅛
- オリーブ油……大さじ½
- レモン（くし形切り）……¼個

*ローズマリーでも

作り方
1. タイムは飾り用に1枝とりおき、残りは葉をしごいてとり、あらみじんに切ります。ズッキーニは1cm厚さの輪切りにします。ピーマンは種をとり、8つの乱切りにします。にんにくは薄切りにします。

2. 肉は身の厚い部分があれば、切りこみを入れ、厚みを均等にします。皮にフォークなどで軽く穴をあけます。Aをすりこみます。タイムをまぶします。

3. フライパンにオリーブ油を温め、ズッキーニを入れて中火で約1分焼きます。裏返して、ピーマンも加え1〜2分焼きます。すべてとり出し、塩小さじ⅛をふります。

4. 続けて、にんにくと肉を皮を下にしてフライパンに入れ、中火で2〜3分ずつ両面焼きます。中まで火が通ったら、器に肉を盛ります。野菜とレモンをつけ合わせ、タイムを添えます。

● 調理時間 **15分**／1人分 **310**kcal

残ったズッキーニを使って

ズッキーニは2〜3日もちます。残ったら、おつまみにもなるこんなスピード料理はいかが

ズッキーニのアンチョビいため

材料（2人分）
- ズッキーニ（7〜8mm厚さの輪切り）……½本（75g）
- アンチョビ*（みじん切り）……1枚
- にんにく（みじん切り）……小1片（5g）
- 白ワイン……大さじ½
- オリーブ油……大さじ1

*残ったら、小分けして冷凍できます

作り方
1. フライパンにオリーブ油を入れて中火で温め、ズッキーニを入れます。焼き色がついたら裏返し、にんにく、アンチョビを加えて焼きます。
2. 両面に焼き色がついたらワインを加え、汁気がなくなったら火を止めます。

● 調理時間 **10分**／1人分 **74**kcal

献立例 ● レタスとルッコラのサラダ＋トマトのスープ

とり肉のトマト煮

 煮る

材料はいくつかありますが、切っていためて煮こむだけ。
おいしいイタリアンができあがります

材料（2人分）
とりもも肉……1枚（200g）
　塩……小さじ¼
　こしょう……少々
小麦粉……大さじ1
たまねぎ……¾個（150g）
セロリ……30g
さやいんげん……6本（50g）
マッシュルーム……4個（30g）
黒オリーブ（種なし）*1……4個
にんにく……1片（10g）
赤とうがらし……小1本
オリーブ油……大さじ1
トマト水煮缶詰（カット*2）
　……½缶（200g）
A ┌ 水……カップ¾
　│ 固形スープの素……½個
　└ 白ワイン……大さじ2
塩・こしょう……少々

*1　イタリア料理でおなじみのオリーブの実。
風味がよく、味が引き締まりますが、なければ入れなくても

*2　ホールトマトでも

作り方
1. たまねぎは2cm幅のくし形に切ります。セロリは筋をとって、2cm長さに、いんげんは4cm長さに切ります。にんにくは薄切りにします。赤とうがらしは種をとります。

2. マッシュルームは半分に切ります。オリーブは5mm厚さの輪切りにします。

3. とり肉は4cm角に切り、塩、こしょうをふります。小麦粉をまぶします。

4. 深めのフライパンに油を温め、にんにく、赤とうがらしを入れます。香りが出たら、肉を皮を下にして加えます。強めの中火で両面を色よく焼き、たまねぎ、セロリ、いんげんを加えていためます。

5. 野菜がしんなりしてきたら、マッシュルーム、オリーブ、A、トマト水煮缶詰を加えます（ホールトマトの場合は、実をつぶします）。沸とうしたらアクをとり、ふたをずらしてのせ、弱めの中火で約20分、煮汁が半分くらいになって、とろみがつくまで煮ます。途中1～2回混ぜます。塩、こしょうをふって味をととのえます。

● 調理時間 **30分** ／1人分 **346kcal**

フリージングのワザ
トマト水煮缶詰

トマトの水煮が残ったときは、冷凍用保存袋（または容器）に入れて、平らにし、冷凍します。使うときは、凍ったまま使います（保存のめやす約1か月）。

献立例 ● レタスとコーンのサラダ

煮る とり肉ときのこのワイン蒸し

さっぱりとした味のむね肉を、野菜とともにフライパンに入れるだけ。
きのこの香りとうま味にワインの風味がやさしく加わって、まろやかな味わいの一品です

材料（2人分）
- とりむね肉……1枚（200g）
  - 塩……小さじ¼
  - こしょう……少々
- ホワイトぶなしめじ
  ……1パック（100g）
- しいたけ……4個
- たまねぎ……¼個（50g）
- バター（細かく切る）……20g
- A［白ワイン・水……各カップ¼
     スープの素……小さじ¼］
- 万能ねぎ……1本
- 粉チーズ*……大さじ1

*写真はパルミジャーノ・レッジャーノ
チーズをけずって、のせています

作り方

1　しめじは根元を切り落とし、小房に分けます。しいたけ、たまねぎは薄切りにします。

2　とり肉は身の厚い部分があれば、切りこみを入れて、厚みを均等にします。皮をところどころフォークで刺します。塩、こしょうをまぶして下味をつけます。

3　フライパンに肉、1、Aを入れてバターを散らします。火にかけ、ふたをして中火で7〜8分蒸し煮にします。

4　万能ねぎは3cm長さに切ります。肉に火が通ったら、とり出します。万能ねぎを加えて2〜3分煮て、少しとろみがつくまで汁を煮つめます。

5　肉は食べやすいように6〜7mm厚さに切ります。器に盛り、野菜と汁をかけ、粉チーズをふります。

● 調理時間 **15分**／1人分**302kcal**

献立例 ● アスパラガスのサラダ

煮る とり肉の照り煮の親子丼

とり肉は油を使わずに焼き、たれにはちみつを使って、甘味とつやを出します。
大人も子どもも好きな甘から味です。いり卵と親子にしました

材料（2人分）
とりもも肉……1枚（200g）
卵……1個
A ┌ はちみつ……小さじ½
　└ 塩……少々
サラダ油……小さじ1
B ┌ 水……カップ⅓
　│ はちみつ……大さじ½
　│ 酒……大さじ1
　└ しょうゆ……大さじ1
酒……大さじ1
みず菜……50g
焼きのり……½枚
温かいごはん……300g

作り方
1　とり肉は余分な脂肪をとります。身の厚い部分があれば、切りこみを入れ、厚みを均等にします。皮にフォークなどで軽く穴をあけます。
2　みず菜は2cm長さに切ります。水に放してパリッとさせ、水気をきります。Bは合わせます。
3　卵をときほぐし、Aを加えて混ぜます。フライパンに油を温め、卵を流し入れて、いり卵を作ります。とり出します。
4　フライパンに肉を皮を下にして入れて、中火で1～2分焼きます。皮に焼き色がついたら裏返し、約1分焼きます。ペーパータオルで、フライパンの油をふきます。
5　Bを加えて弱めの中火にし、ふたをします。約3分蒸し焼きにします。裏返して、同様に約3分蒸し焼きにします。火が通ったら、肉に煮汁をスプーンでかけ、つやよくなったら火を止め、肉をとり出します。残った煮汁に酒大さじ1を加えて、ひと煮立ちさせます。
6　肉は食べやすい大きさに切ります。ごはんの上にのりをちぎってのせ、みず菜を敷きます。肉といり卵をのせ、煮汁をかけます。

● 調理時間 **20分**／1人分 **547kcal**

献立例 ● かぼちゃとみょうがのみそ汁

煮る とり肉と野菜のこっくり煮

骨つき肉を使うと、とりのうま味がさらに増して、おいしい煮ものになります。
最後に加える調味料がつや出しのポイント

材料(2人分)
とり手羽中……200g
じゃがいも……1個(150g)
ごぼう……1/3本(60g)
さやえんどう……10枚
サラダ油……大さじ1/2
水……カップ3/4
A [砂糖……小さじ1/2
　　酒……大さじ1
　　しょうゆ……大さじ1/2]
B [みりん・しょうゆ
　　　……各小さじ1]

作り方

1　じゃがいもは皮をむき、1cm厚さの輪切り(大きければ半月切り)にします。ごぼうは皮をこそげて7〜8mm厚さの斜め切りにし、水にさらして水気をきります。さやえんどうは、筋をとります。

2　とり肉は、内側に、骨にそって切りこみ(写真右)を入れます。

3　深めのフライパンに油を温め、中火でさやえんどうをさっといためて、とり出します。肉を入れて両面を焼きます。よい焼き色がついたら、じゃがいも、ごぼうを加えて軽くいためます。分量の水を加えて強火にし、沸とうしたらアクをとります。Aを加えてふたをし、弱めの中火で7〜8分煮ます。途中1〜2回混ぜます。

4　じゃがいもがやわらかくなったら、ふたをとってBを加え、時々混ぜながら汁を煮つめます。つやが出たら、さやえんどうを加えてひと混ぜします。

● 調理時間 **20分**／1人分 **116kcal**

献立例 ● だいこんとかいわれのサラダ＋わかめのみそ汁

焼く とり肉のごまつけ焼き

ごまがたっぷりで、体にいいおかずです。とり肉は、かたくり粉をもみこんでじっくり焼くので、やわらかく仕上がります

材料（2人分）
とりむね肉（皮なし）
　……1枚（170g）
A ┃ しょうが汁……小さじ1
　 ┃ 酒……大さじ½
　 ┃ しょうゆ……大さじ½
かたくり粉……大さじ1
いりごま（白）……大さじ4
サラダ油……大さじ1
＜つけ合わせ＞
紫たまねぎ……½個（100g）
ぽん酢しょうゆ……大さじ½
けずりかつお……1パック（3g）
グリーンリーフ……3枚

作り方
1　ボールにAを合わせます。とり肉は3〜4cm大のそぎ切りにし、Aをもみこみます。
2　たまねぎは薄切りにし、水にさらして水気をきります。グリーンリーフは食べやすい大きさにちぎります。
3　肉にかたくり粉をもみこみます。トレーにごまを入れ、肉を押しつけて片面にごまをつけます。フライパンに油を温め、肉をごまがついている面を下にして入れます。弱火で4〜5分焼き、裏返してふたをし、5〜6分焼きます。
4　たまねぎにぽん酢しょうゆ、けずりかつおを加えてあえます。

5　器に肉を盛り、4、グリーンリーフを添えます。
● 調理時間 **20**分／1人分**273**kcal

献立例 ● しらあえ＋じゃがいものみそ汁

いためる 牛肉とブロッコリーのオイスターいため

トロリとコクのある牛肉のオイスターソースいためは、中華の人気定番おかず。
ブロッコリーはフライパンで蒸し煮してやわらかくし、ざっと調味料をからめるだけ。とってもかんたん

材料（2人分）
- 牛もも肉（薄切り）……150g
- A
  - 酒……大さじ1
  - しょうゆ……小さじ1
  - かたくり粉……大さじ½
- ブロッコリー……1株（250g）
- B
  - 水……カップ⅓
  - 塩……小さじ⅛
- ねぎ……½本
- しょうが……小1かけ（5g）
- C
  - 水……大さじ2
  - スープの素……小さじ¼
  - オイスターソース……大さじ1
  - 塩・こしょう……各少々
  - かたくり粉……小さじ1
- サラダ油……大さじ1½

作り方

1 ブロッコリーは小房に分け、軸は皮をむいて、4cm長さの薄切りにします。ねぎは1cm幅の斜め切りにします。しょうがは皮をこそげて、薄切りにします。Cは合わせます。

2 肉はひと口大に切り、Aをもみこんで下味をつけます。

3 フライパンに油大さじ½を温めて、ブロッコリーをいためます。Bを加えてふたをし、2～3分蒸し煮にします。ざるにとります。

4 フライパンをさっとふき、油大さじ1を温めて、ねぎとしょうがをいためます。香りが出たら肉を広げて入れ、両面を焼きます。色が変わったら、ブロッコリーと、Cをもう一度混ぜてから加え、全体を混ぜます。つやが出たら火を止めます。

● 調理時間 **20分**／1人分 **304kcal**

献立例 ● もやしとにんじんの甘酢あえ＋とうふのスープ

いためる プルコギ

専用の鍋がなくてもだいじょうぶ。にんにくやコチュジャン、ごまが入ったたれが、おいしさの秘けつです。
肉にしっかりもみこんでおくと、舌ざわりなめらか、ジューシーに仕上がります

材料（2人分）
牛肩ロース肉（薄切り）……150g
大豆もやし……70g
にんじん（3〜4cm長さ）……1/4本（50g）
万能ねぎ……1/2束（50g）
えのきたけ……1/2袋（50g）
A ┃ にんにく……1片（10g）
　 ┃ すりごま（白）……大さじ1/2
　 ┃ 砂糖……大さじ1/2
　 ┃ しょうゆ……大さじ1
　 ┃ みりん・ごま油……各大さじ1/2
　 ┃ コチュジャン……小さじ1
サラダ油……大さじ1/2

作り方
1　にんにくはすりおろして、Aを合わせます。
2　牛肉は5〜6cm長さに切り、Aをよくもみこんで10〜15分おきます。
3　大豆もやしはひげ根をとります。にんじんは3〜4cm長さの細切りに、万能ねぎは4〜5cm長さに切ります。えのきたけは根元を落とし、長さを半分に切ってほぐします。
4　フライパンに油を温め、中火でにんじん、大豆もやしを軽くいためます。フライパンの中央をあけ、肉を入れます。ほぐしながら強火でいため、肉の色が変わったら、残りの野菜を加えて全体を混ぜ、手早くいためます。

● 調理時間 **20分**／1人分 **372kcal**

献立例 ● サニーレタスのサラダ＋卵スープ

煮る 牛肉とごぼうのいため煮

白いごはんが恋しくなる、しっかりしたしょうゆ味のおそうざい。ごはんにのせれば牛丼に、残ったときは、卵でとじて柳川風にしても

材料（2人分）
牛肩ロース肉（薄切り）……150g
A ┌ 塩……小さじ1/6
　├ 酒……大さじ1/2
　└ かたくり粉……大さじ1/2
まいたけ……1パック（100g）
ごぼう……1/3本（60g）
しょうが……小1かけ（5g）
かいわれだいこん……1/2パック（25g）
B ┌ 砂糖……大さじ1/2
　├ しょうゆ……大さじ1 1/2
　├ 酒……大さじ1
　└ みりん……大さじ1/2
ごま油……大さじ1

作り方
1. まいたけは小房に分けます。しょうがは皮をこそげて、せん切りにします。ごぼうは皮をこそげて、ささがきにし、水にさらして水気をきります。かいわれだいこんは根元を切り、長さを半分にします。
2. 肉は4〜5cm長さに切り、Aを順にまぶします。Bは合わせます。
3. フライパンにごま油を温め、ごぼうを1〜2分中火でいためます。肉としょうがを加え、肉の色が変わったら、まいたけを加えて1分ほどいためます。Bを加えて混ぜ、中火で混ぜながらいため煮にします。汁気が少なくなったら火を止めます。
4. 器に3を盛り、かいわれだいこんをのせます。

● 調理時間 **15分**／1人分 **365** kcal

残ったごぼうを使って

ごぼうは乾燥しやすく、鮮度が落ちやすいので、早めに使いきります。残ったら、カリッと揚げて、ビールにぴったりのおつまみに

ごぼうチップス

材料（2人分）
ごぼう（皮をこそげる）……1/3本（60g）
サラダ油……適量　　塩……少々

作り方
1 ごぼうは、7〜8cm長さに切ります。太い部分は縦半分にし、薄切りにします。水に放して、水気をきり、ペーパータオルで水気をよくふきます。
2 深めのフライパンに油を約1cm深さに入れ、中温（160〜170℃）に温めます。ごぼうを入れて、カリッとなるまで約3分揚げます。油をきり、塩をふります。

● 調理時間 **10分**／1人分 **54** kcal

献立例 ● かぶの即席漬け＋じゃがいものみそ汁

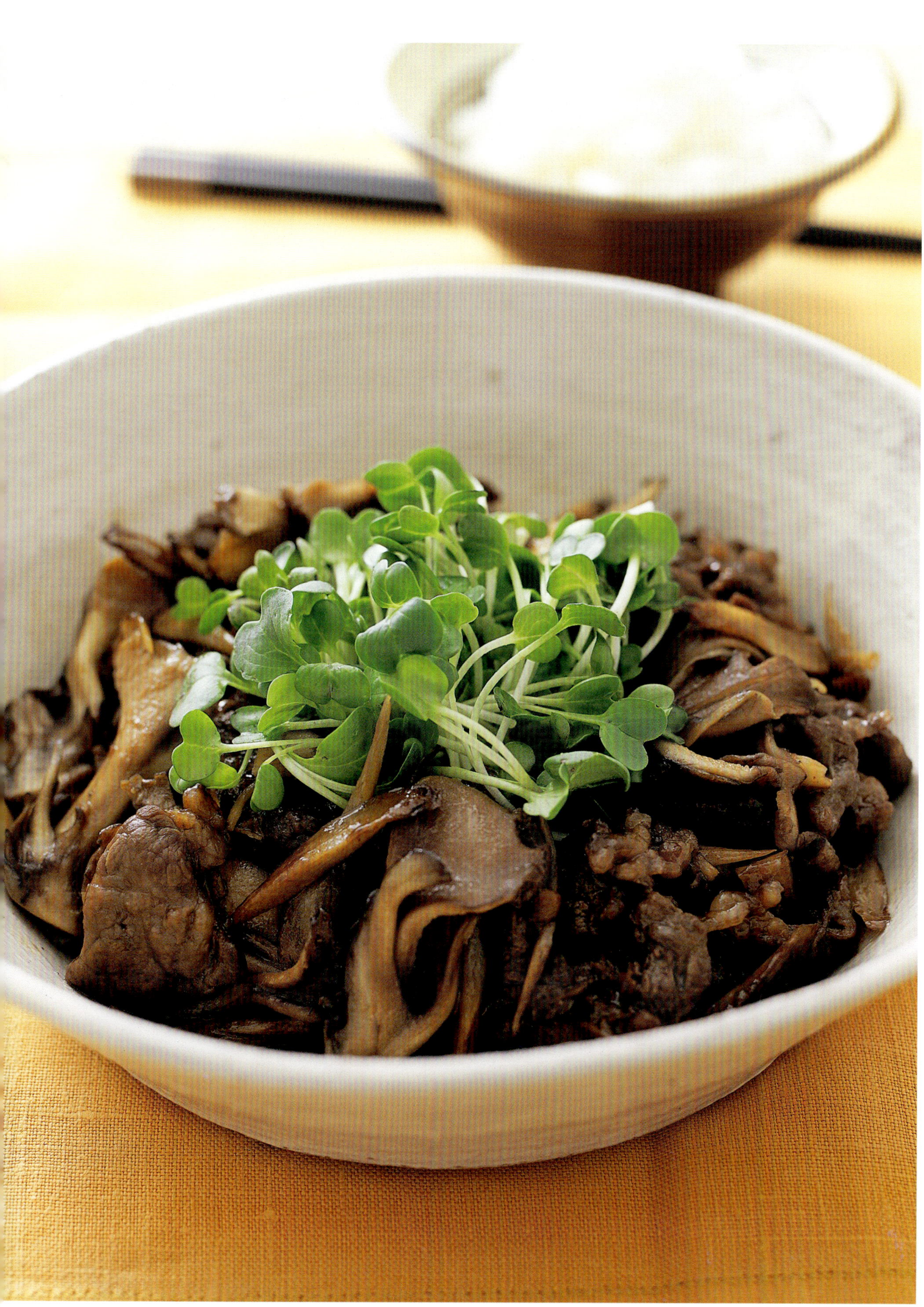

焼く ワンプレートステーキごはん

ワンプレートに盛れば、ステーキも新鮮なイメージ。2人で1枚の肉でも、ごはんと一緒なので満足感があります。ステーキをおいしく焼くには、焼く20〜30分前に室温に出しておきます

材料（2人分）
牛ステーキ肉（サーロイン）
　……大1枚（180g）
　塩……小さじ1/6
　あらびき黒こしょう……少々
牛脂……15g
（なければサラダ油大さじ1）
ワイン*1……大さじ1/2
A ［ しょうゆ……大さじ1
　　ワイン*1……大さじ1 1/2 ］
＜フライドオニオンライス＞
温かいごはん……350g
フライドオニオン（市販品）……大さじ1
ベビーリーフ……1袋（25g）
好みのドレッシング（市販）……適量

*1 赤、白どちらでも

作り方
1. 肉はところどころ筋を切り、包丁や肉たたきで軽くたたきます。焼く直前に塩、こしょうを両面にまぶします。

2. フライパンに牛脂か油を温めます。強めの中火で肉の両面を焼き、好みの焼き具合に火を通します（ミディアムなら片面約40秒ずつ）。ワインを加え、ひと煮立ちしたらとり出します。

3. 続いてフライパンにAを入れます。ひと煮立ちしたら火を止めます。

4. ごはんにフライドオニオンを混ぜます。肉は食べやすい大きさに切ります。

5. 器にごはんを盛り、肉をのせます。肉に3をかけます。ベビーリーフサラダ、スープ*2を添えます。

*2 ＜シンプルスープの作り方（2人分）＞
たまねぎの薄切り50gをサラダ油大さじ1/2でいためます。水カップ1 1/2とスープの素小さじ1/2を加えて温め、塩少々で味をととのえます。器に盛り、パセリのみじん切り少々を散らします。
＊好みで、トマトの角切りやコーンを加えても

●調理時間 **15分**／1人分 **648**kcal （スープは除く）

フライドオニオン にんにくチップス

フライドオニオン（左）は、軽い食感と香ばしい風味があり、肉料理によく合います。なければ、にんにくチップス（右）を作っても。

にんにくチップスの作り方
にんにく2片を薄切りにし、芯をとり除きます。フライパンに、にんにくとサラダ油大さじ2を入れ、弱めの中火にかけます。にんにくがよい色になったら、ペーパータオルにとり出します。
（残った油は肉を焼いたり、いためものに使えます）

献立例 ● ベビーリーフサラダ＋シンプルスープ

39

煮る ハッシュドビーフ

ドミグラスソースと赤ワインで、深い味わいに。
切り落とし肉でかんたんに作れるのに、ごちそう風です

材料（2人分）
牛肩ロース肉（切り落とし）
　……150g
A ┌ 塩……小さじ⅛
　├ こしょう……少々
　└ 小麦粉……大さじ1
たまねぎ……1個（200g）
にんにく……小1片（5g）
マッシュルーム水煮缶詰
　（スライス）……40g
バター……15g
B ┌ 水……250ml
　├ 固形スープの素……½個
　├ 赤ワイン……カップ¼
　└ ローリエ……1枚
C ┌ ドミグラスソース……大さじ3
　├ トマトケチャップ……大さじ1
　└ ウスターソース……大さじ½
＜パセリライス＞
温かいごはん……400g
パセリのみじん切り……大さじ1
バター……10g

作り方
1 たまねぎは薄切りにし、にんにくはみじん切りにします。マッシュルームは汁気をきります。牛肉は4～5cm長さに切り、Aをまぶします。
2 深めのフライパンに、バター10gを溶かします。にんにく、たまねぎを中火でいためます。しんなりしたら、フライパンの端に寄せます。あいたところに残りのバター5gをたし、肉を加えて、強火でいためます。
3 肉の色が変わったら、マッシュルーム、Bを加えます。ふたをずらしてのせ、中火で約10分、途中1～2回混ぜながら煮ます。Cを加えてさらに約5分煮ます。
4 パセリライスの材料を混ぜます。器に盛り、3をかけます。

● 調理時間 **25**分／1人分**771**kcal

ドミグラスソースが残ったら？

残ったら冷凍できます。トレーに薄めに流して固め、完全に凍る手前で大さじ1くらいずつに切って、密閉容器に移して冷凍します（保存のめやす約1か月）。ハンバーグやとんカツ、コロッケのソースにも使えます。

献立例 ● シーザーサラダ＋青菜のスープ

煮る 焼き肉のスープかけごはん

焼き肉をしたときは、肉を少し残しておきましょう。最後に出せば、お店みたいで喜ばれます。野菜は、もやしやねぎ、だいこんなどお好みで

材料（2人分）
温かいごはん……300g
牛カルビ肉*（焼き肉用）……100g
　塩……小さじ1/6
にんじん……40g
しいたけ……2個
にら……1/3束（30g）
しょうが……1かけ（10g）
ごま油……大さじ1/2
A ┌ 水……カップ2
　│ 中華スープの素……小さじ1
　│ しょうゆ……小さじ1
　└ こしょう……少々
*もも肉でも

作り方
1 にんじんは薄いいちょう切りにし、しいたけは薄切りにします。にらは3cm長さに切ります。しょうがは皮をこそげて、せん切りにします。牛肉は3〜4cm幅のそぎ切りにし、塩をふります。
2 深めのフライパンにごま油を温め、しょうが、肉、にんじんを中火でいためます。
3 肉の色が変わったら、Aを加えます。沸とうしたらアクをとり、にらとしいたけを加えて中火で1〜2分煮ます。ごはんにかけます。

*好みで、コチュジャンを入れて食べても
● 調理時間 **10分**／1人分 **506kcal**

献立例 ● 大豆もやしのナムル

焼く 具だくさんのひき肉オムレツ

1人分ずつ具を入れて作るオムレツもありますが、慣れないと作りにくいもの。
はじめから卵に具を混ぜこみ、ゆっくり焼けば、ふんわりとしたオムレツに仕上がります

材料（2人分）
- 合びき肉……80g
- たまねぎ……大1/3個（80g）
- 赤ピーマン（大）……1/4個（50g）
- マッシュルーム……6個
  - 塩……小さじ1/4
  - こしょう……少々
- 卵……3個
- A
  - 生クリーム（または牛乳）……大さじ2
  - 塩……少々
  - ピザ用チーズ……30g
- オリーブ油……大さじ1
- ルッコラ……8枚
- ＜ガーリックトースト＞
- フランスパン（1cm厚さ）……4枚
- にんにく……小1片（5g）
- オリーブ油……小さじ2

作り方

1. たまねぎ、赤ピーマンはあらみじん切りにします。マッシュルームは石づきをとり、薄切りにします。

2. 卵をときほぐし、Aを混ぜます。

3. フライパンに油を温め、ひき肉、たまねぎを中火でいためます。肉の色が変わり、たまねぎがすき通ってきたら、赤ピーマン、マッシュルームを加えます。油がなじんだら、塩小さじ1/4、こしょうをふります。

4. 卵液を3に回し入れます（写真1）。卵が固まりかけたら、半分に寄せ集めます（写真2）。

5. ふたをして、弱火で3〜4分焼きます。表面が固まりかけたら、大きめの皿をかぶせて一気に裏返して皿にとります。そのままフライパンにもどし、裏面を約1分焼いて、薄い焼き色がついたら、とり出します。

6. ＜ガーリックトースト＞　にんにくは2つに切り、切り口をパンにこすりつけます。オリーブ油を塗り、パンが薄く色づくまでトースターで焼きます。

7. オムレツは食べやすい大きさに切り、ルッコラ、ガーリックトーストともに盛ります。

● 調理時間**20分**／1人分**393**kcal

フリージングのワザ
ひき肉

生のひき肉はいたみやすいので、加熱してから冷凍しましょう。野菜といため、さましてから、冷凍用保存袋（または容器）に入れて冷凍します（保存のめやす約2週間）。電子レンジで解凍し、温めれば、オムレツがすぐ作れます。

献立例 ● ミネストローネ（P.86）

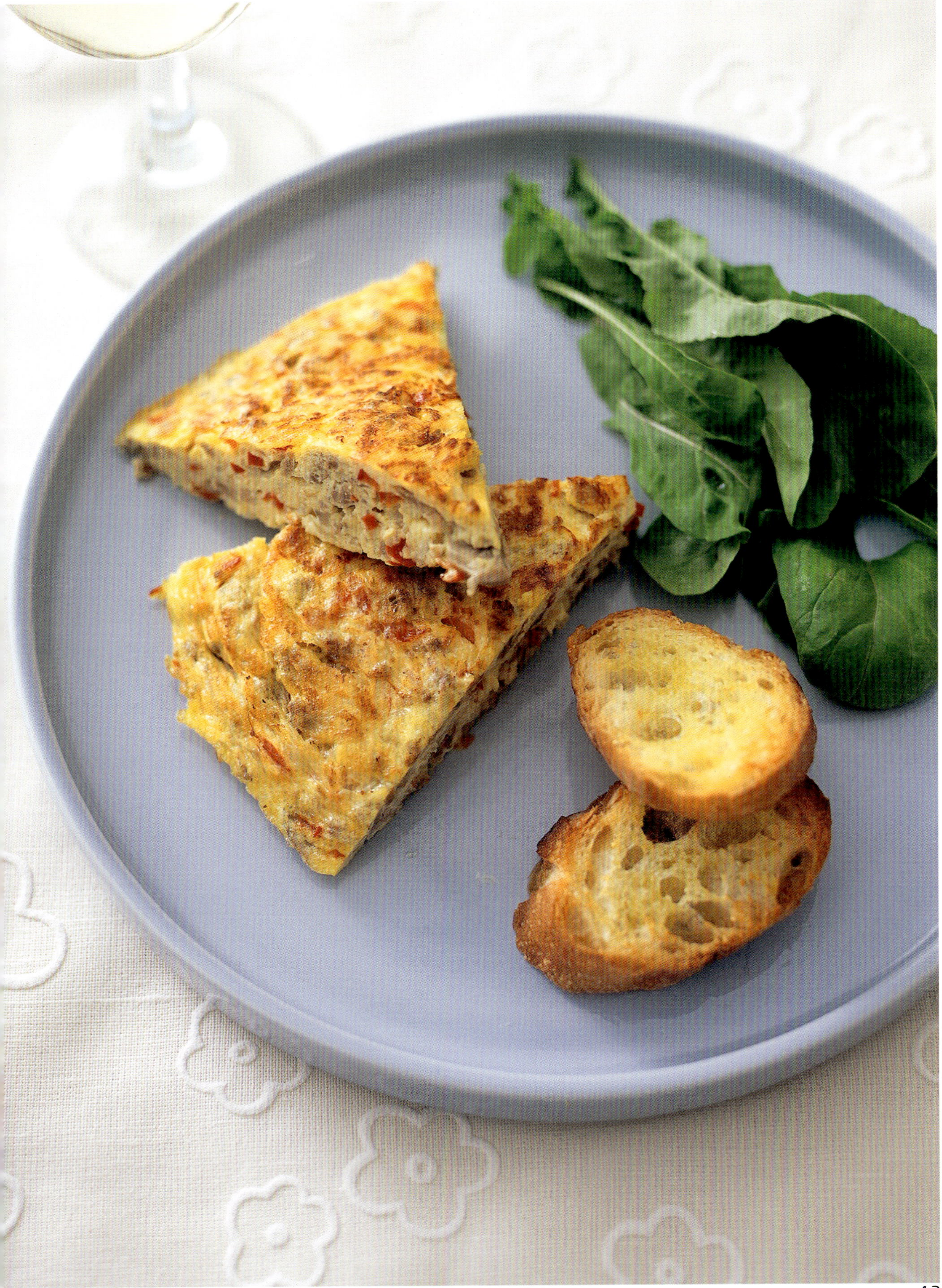

煮る ひき肉と豆のカレー

いつものカレーは、肉や野菜が煮えるまで時間がかかりますが、ひき肉と水煮の豆を使えば、15分程度で作れます。「おなかすいた！」という声にも、すぐ応えられます

材料（2人分）
牛ひき肉……100g
ひよこ豆（水煮）……60g
エリンギ……大1本（80g）
たまねぎ……½個（100g）
にんにく……1片（10g）
しょうが……小1かけ（5g）
A ┌ トマトジュース（有塩）……100ml
　└ 水……250ml
カレールウ……2個（40g）
サラダ油……大さじ1½
塩・こしょう……各少々
温かいごはん……300g
＜つけ合わせ＞
レタス……2枚
セロリ（3cm長さ）……40g
B ┌ 塩……少々
　└ レモン汁……小さじ1

作り方
1. エリンギは、太いものは縦半分にし、3cm長さの薄切りにします。たまねぎはあらみじんに切ります。にんにく、しょうがはみじん切りにします。

2. 深めのフライパンに油を温め、にんにく、しょうが、たまねぎを入れます。中火で約2分、たまねぎがすき通るまでいためます。ひき肉を加え、肉がパラパラになるまでいためます。

3. エリンギを加えて軽くいため、豆とAを加えます。沸とうしたら中火にし、ふたをして1～2分煮ます。

4. 弱火にしてカレールウを加えます。2～3分煮て混ぜ、ルウが溶けたら、塩、こしょうで味をととのえます。

5. セロリは筋をとり、3cm長さの薄切りにします。レタスも同じくらいの大きさに切ります。Bで軽くあえて、しんなりさせます。

6. ごはんにカレーをかけ、5を添えます。

● 調理時間 **15分**／1人分 **655kcal**

ひよこ豆

ひよこの頭に似た形で、くちばしのような突起があるため、こう呼ばれます（右）。ほくほくの食感とさっぱりした味わいで、カレーと相性のいい豆です。サラダ、煮こみ料理にも使えます。このカレーはほかにミックスビーンズ（左）、大豆水煮などでも作れます。

献立例 ● モッツァレラチーズのサラダ

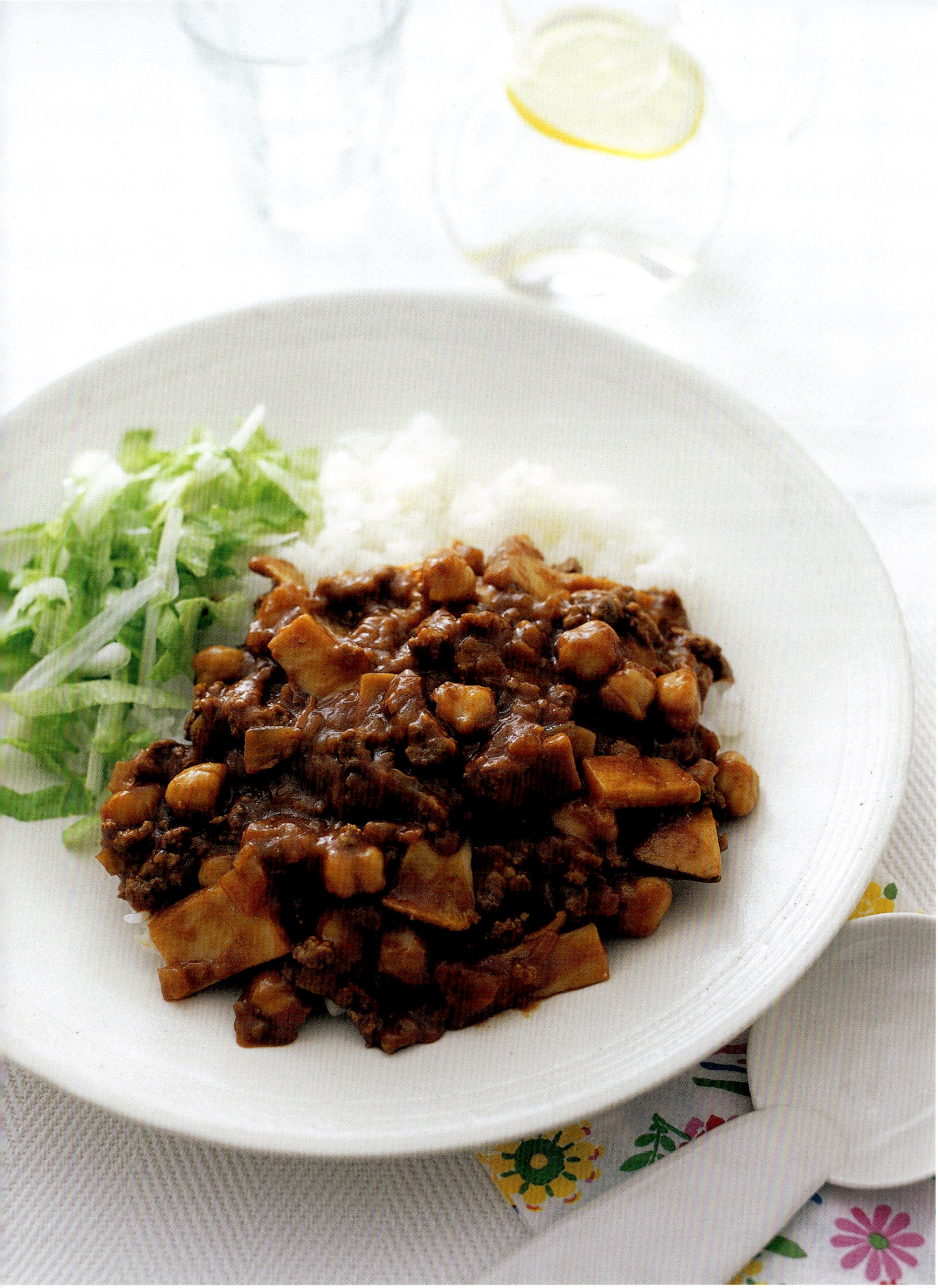

焼く れんこんのつくね焼き

れんこんとしそを入れた風味豊かなつくね。れんこんのさくさくした歯ごたえがアクセントです。多めに作って、お弁当におすすめ

材料（2人分）
- とりひき肉……150g
- れんこん……120g
- しその葉……10枚
- A
  - とき卵……1/2個
  - 酒……大さじ1
  - 塩……小さじ1/8
  - しょうが汁……小さじ1
  - かたくり粉……大さじ1
- サラダ油……大さじ1/2
- B
  - 砂糖……大さじ2/3
  - 酒……大さじ2
  - 水……大さじ2
  - しょうゆ……大さじ1
  - かたくり粉……小さじ1/2
- だいこん……100g
- 七味とうがらし……少々

作り方

1. れんこんは皮をむき、あらみじんに切ります。しそは2枚を飾り用にとりおき、8枚をあらみじんに切ります。

2. だいこんはすりおろし、ざるにのせて自然に水気をきります。Bは合わせます。

3. ひき肉にAを加えてよく混ぜます。ねばりが出てきたら、れんこん、しそを加えて混ぜます。6等分し、約4～5cmのだ円形に丸めます。

4. フライパンに油を温め、中火で3を3～4分焼きます。焼き色がついたら裏返し、ふたをしてさらに3～4分焼きます。Bをもう一度混ぜてから加え、つくねにからめながら中火で3～4分、汁気がほとんどなくなるまで煮つめます（ここまで作り、冷凍できます）。

5. 器につくねを盛ります。しそを1枚ずつ敷き、だいこんおろしを添え、好みで七味とうがらしをふります。

● 調理時間**20分**／1人分**258**kcal

つくねのお弁当

さめてもおいしく、ボリュームのあるとり肉のつくねは、お弁当にもぴったり。卵焼き、いろどりのミニトマト、ブロッコリーなどと一緒に詰めます。

献立例 ● ほうれんそうのおひたし＋わかめのみそ汁

47

煮る 大きなひき肉だんごのスープ煮

ひき肉だんごは大きめにどーんと作るので、見た目も食べごたえも充分。焼いて肉汁をとじこめるので、ジューシーです。スープで煮るので、焼くときは中まで火を通さなくてもOK

材料（2人分）
- 豚ひき肉……150g
- A
  - ねぎ……10cm
  - しょうが汁……小さじ½
  - とき卵……大さじ1
  - 塩……小さじ⅛
  - 酒……小さじ1
  - かたくり粉……小さじ1
- チンゲンサイ……1株（130g）
- かぶ……中1個（100g）
- しいたけ……2個
- サラダ油……大さじ½
- ＜スープ＞
- B
  - 水……250ml
  - スープの素……小さじ½
- C
  - しょうゆ……小さじ1
  - こしょう……少々

作り方
1　ねぎはみじん切りにします。ひき肉にAを順に加えてよく混ぜます。2等分にして、1cm厚さの円形にします。

2　チンゲンサイは根元から縦に6等分します。かぶは皮をむき、6つ割りにします。しいたけは軸を除き、2つに切ります。

3　深めのフライパンに中火で油を温め、1を入れて両面によい焼き色をつけます。Bとかぶを加え、強火にかけます。沸とうしたらアクをとり、ふたをして中火で5～6分煮ます。途中、肉だんごを裏返します。

4　かぶがやわらかくなったら、チンゲンサイとしいたけを加え、ふたをしてさらに2分ほど煮ます。Cで味をととのえます。

● 調理時間 **20分**／1人分 **228kcal**

献立例 ● トマトとはるさめのサラダ

ひき肉あんの中国風茶碗蒸し

蒸す

深さのあるフライパンなら、蒸しものもできます。フライパンに湯をはって、器*を直接入れて蒸します（地獄蒸し）。蒸し器がなくても、湯気たっぷりのアツアツなおいしさを楽しめます

*フライパンに入る500mlくらいの器1個、または2個で作ります。

材料（2人分）

- 卵……2個
- A
  - 湯……カップ1½
  - 中華スープの素……小さじ1
  - 酒……大さじ½
  - 塩……小さじ⅛
  - しょうゆ・こしょう……各少々
- 万能ねぎ（小口切り）……1本
- あん
  - 豚ひき肉……50g
  - えのきたけ……½袋（50g）
  - 水……カップ⅓
  - 中華スープの素……小さじ¼
  - しょうゆ……小さじ½
  - 塩・こしょう……各少々
  - かたくり粉……小さじ1
  - ごま油……小さじ½

作り方

1　Aと蒸し用に、湯を1ℓくらいわかしておきます。

2　Aを合わせてスープの素を溶かし、飲める温度くらいにさまします（完全にさめると、蒸し時間が長くなります）。

3　卵を割りほぐし、Aを入れて混ぜます。一度こして器に入れます。

4　深めのフライパンにふきんを敷き、器を入れます。残りの湯を、器の高さ七～八分目までフライパンにそそぎ、火にかけます（写真）。ふたをして湯が沸とうしたら、弱火で8～10分加熱します。

5　耐熱容器に、ごま油以外のあんの材料を入れてよく混ぜます。ラップをして電子レンジで約1分30秒加熱します。ラップをはずして、一度混ぜます。再び約1分30秒加熱します。とろみがついたらごま油を混ぜます。

6　蒸しあがった4にあんをかけ、ねぎを散らします。

*器の出し入れなど、熱いので気をつけましょう。

● 調理時間 **25分**／1人分 **161**kcal

フライパンに茶碗が動かないようにふきんを敷き、茶碗を入れます。2個で作る場合も同様にします

献立例 ● いかの甘から煮（P.61）＋だいこんとにんじんの甘酢漬け

豚肉
とり肉
牛肉
ひき肉
魚
野菜
お弁当
日もち

焼く 具だくさんのぎょうざ風お焼き

ぎょうざよりも具がたっぷり。きちんと包まなくてもいいので、
家族にも手伝ってもらって気軽に作りましょう

材料（2人分）
- 豚ひき肉……80g
- 干ししいたけ……2個
- キャベツ……100g
- しょうが……1かけ（10g）
- ねぎ……1本
- A
  - 酒……大さじ½
  - しょうゆ……大さじ½
  - 塩……小さじ¼
  - ごま油……小さじ1
- ぎょうざの皮……12枚
- サラダ油……大さじ½
- 熱湯……約カップ¼
- ごま油……小さじ1
- ぽん酢しょうゆ……適量

作り方

1　干ししいたけは水カップ¼（材料外）でもどします。キャベツは皿にのせ、ラップをふんわりかけて、電子レンジで約2分加熱します。さまします。

2　しょうがは皮をこそげ、しいたけは軸を除いて、あらみじん切りにします。ねぎもあらみじん切りにします。キャベツはあらみじん切りにし、水気をしぼります。

3　ひき肉と2、Aをボールに入れて、なめらかになるまで混ぜ合わせます。12等分します。

4　ぎょうざの皮の表と裏の縁に、水をひとまわりつけます。皮の中央に具をのせます。ひだを寄せながら、具の側面に皮をつけるようにして包みます（写真左上）。12個作ります。

5　フライパンに油を温め、肉の面を下にして4を並べます。強めの中火で焼き、薄い焼き色がついたら、裏返します。同様に、皮に薄い焼き色がつくまで焼きます。

6　5にお焼きの高さの¼（約1cm）くらいの熱湯を加え、ふたをして中火で3分ほど、蒸し焼きにします。水分がほとんどなくなり、チリチリという音がしてきたら、ふたをとり、フライパンの縁からごま油を回し入れます。強火にして5〜10秒、水気をとばします。

7　器に盛り、ぽん酢しょうゆを添えます。

● 調理時間 **30分** ／1人分 **290kcal**

献立例 ● だいこんとみず菜のサラダ＋はるさめスープ

魚介のおかず

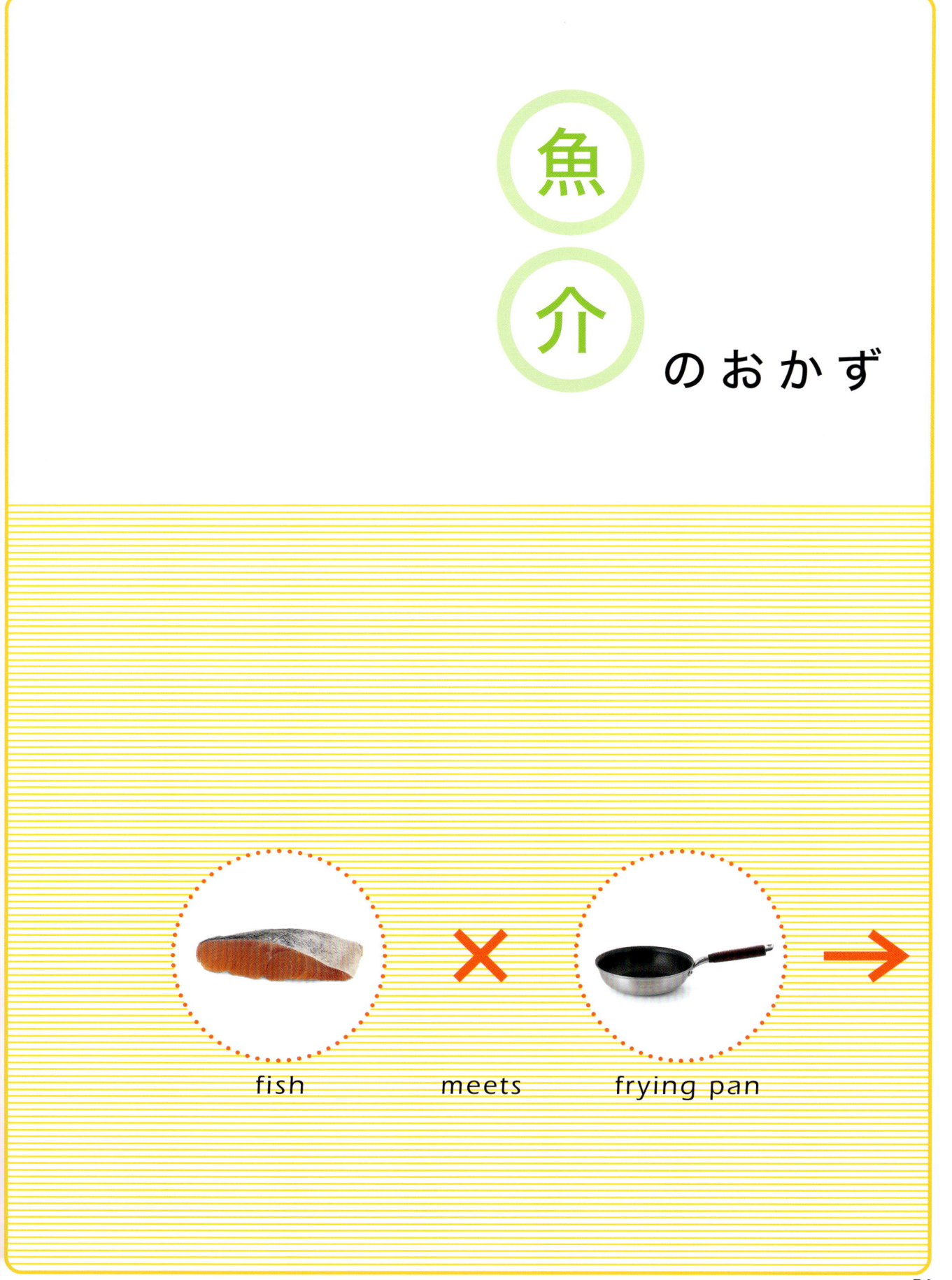

fish　　meets　　frying pan

焼く いわしのイタリアンソテー

カリッと焼いた、香ばしさが魅力のソテーです。開いたいわしを買ってくれば焼くだけでできます。電子レンジで作れるフレッシュなソースをかけてできあがり

材料（2人分）
いわし（開いたもの*）……2尾（300g）
　塩・こしょう……各少々
小麦粉……大さじ½
ズッキーニ……1本（150g）
　塩・こしょう……各少々
オリーブ油……大さじ1½
イタリアンパセリ……2枝
＜トマトソース＞
ミニトマト……100g
にんにく……1片（10g）
塩……小さじ⅙
オリーブ油……大さじ1

*いわしは手開きしても（右下）

作り方
1. いわしは塩、こしょうをふって、約10分おきます。
2. ズッキーニは1cm厚さの輪切りにします。
3. ミニトマトは約1cm角に切ります。にんにくはすりおろします。トマトソースの材料を耐熱容器に入れて混ぜ、ラップをふんわりとかけて、電子レンジで約5分加熱します。
4. ペーパータオルでいわしの水気をふきとり、両面に小麦粉をまぶします。
5. フライパンにオリーブ油大さじ½を中火で温め、ズッキーニを両面焼きます。とり出して、塩、こしょうをふります。油大さじ1をたし、いわしを身を下にして入れます。中火で2〜3分焼き、こんがりとよい焼き色になったら、裏返して同様に焼きます。
6. 器に**5**を盛り、トマトソースをかけます。イタリアンパセリを添えます。

● 調理時間**20分**／1人分**352**kcal

電子レンジで作る フレッシュトマトソース

ミニトマトで作るので、甘味が濃く、新鮮な味です。ポークソテーやカツにかけたり、トーストしたパンにのせたりといろいろに使えます。保存容器に入れて冷蔵し、2〜3日で使いきります。

○いわしを手開きする場合
1 頭を落とし、腹を斜めに少し切り落とし、内臓を除きます。洗って水気をふきます。
2 中骨の上に両親指を入れ、指をすべらせて骨から身をはずして開きます。
3 尾の手前で中骨を折って身からはずします。
4 包丁を寝かせて、腹骨をそぎとります。

献立例 ● ほうれんそうとチーズのサラダ＋かぶのスープ

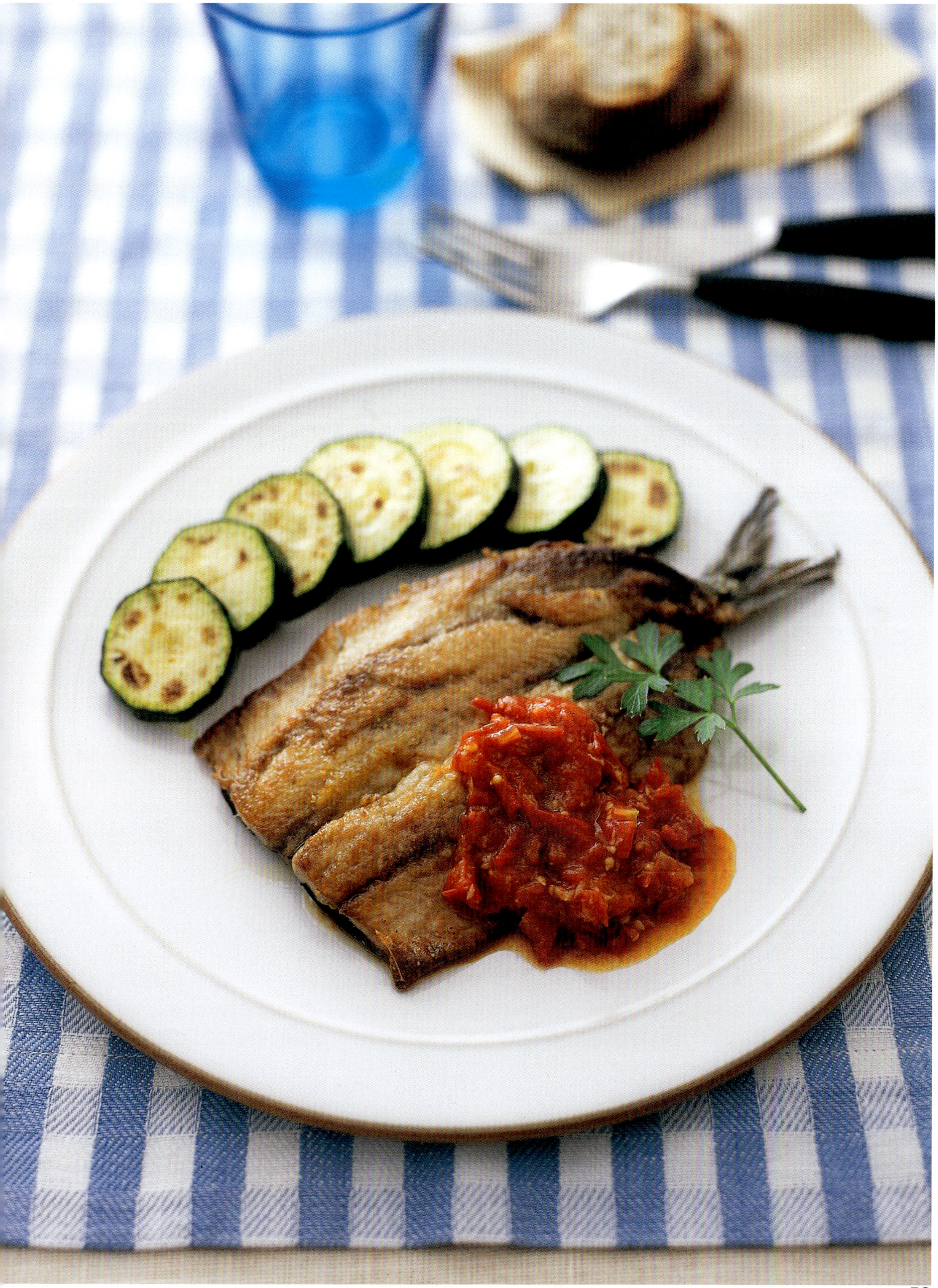

揚げる さけのさっと揚げ

さけを薄く切るので、短時間ですぐ揚げられます。
だいこんおろしを添えてもおいしい

材料（2人分）
- 生ざけ……2切れ（180g）
- A
  - しょうゆ……大さじ½
  - 酒……小さじ1
  - しょうが汁……小さじ½
- かたくり粉……大さじ1½
- エリンギ……中1本（50g）
- サラダ油……適量
- ゆず（またはかぼす）……小½個

作り方

1. Aは合わせます。さけは食べやすい大きさの4〜5mm厚さのそぎ切りにします。Aに約10分つけます。

2. エリンギは、食べやすい大きさに切ります。

3. 深めのフライパンに油少々（材料外）を中火で温め、エリンギを色づくまで焼き、とり出します。

4. ペーパータオルで1の汁気をしっかりとります。フライパンに1cm深さくらいまで油を入れ、中温（約170℃）に温めます。さけの両面にかたくり粉を薄くつけて、色よく揚げます。

5. 4、エリンギを、ゆずとともに盛ります。

● 調理時間**20分**／1人分**225**kcal

揚げざけのお弁当

下味をつけて揚げているので、お弁当に向きます。おにぎりは、小さめの俵形にして上品に。ポテトサラダ、ゆで卵、野菜と一緒に詰めます。

○ フライパンで揚げものをするとき
＜深めのフライパンが安全です＞

- 油の深さは1〜2cm。
- 揚げ鍋で揚げるときより、やや低めの温度でゆっくり揚げます。
- 深さがないので、底がこげないように、箸で上下を入れかえます。
- ふたを用意しておき、油がはねそうなときなど、万一のときはふたをします。

○ 油の温度のめやす
さい箸を水でぬらしてふいてから、油に入れます。

150℃ 箸先から泡がじんわり出る

160〜170℃ つけた部分全体から泡がフワフワ出る

170〜180℃ 全体から泡がワーッと勢いよく出る

献立例 ● 青菜のおひたし＋だいこんのみそ汁

55

焼く さけのムニエル タルタルソース

焼くだけの定番ムニエル。切り身魚なら、なおかんたんです。
香味をきかせたまろやかなタルタルソースが、さけのくさみを消して、相性抜群

電子レンジは、中心より外側部分に熱が入りやすいので、ブロッコリーはまん中に、火の通りにくいじゃがいもは、外側に置きます

材料（2人分）
- 生ざけ……2切れ（200g）
  - 塩……小さじ1/6
  - こしょう……少々
- 小麦粉……大さじ1
- じゃがいも……1個（150g）
- ブロッコリー……小1株（160g）
- バター……20g
- ＜タルタルソース＞
- たまねぎ……1/8個（25g）
- ケイパー……小さじ2
- マヨネーズ……大さじ2
- 牛乳……大さじ1
- 塩・こしょう……各少々

作り方

1 さけに塩、こしょうをふり、約10分おきます。

2 じゃがいもは8つに切ります。ブロッコリーは洗い、小房に分けます。耐熱容器の中央にブロッコリーを、そのまわりにじゃがいもを並べます（写真左上）。ラップをふんわりかけて、電子レンジで3分〜3分30秒、じゃがいもがやわらかくなるまで加熱します。

3 たまねぎ、ケイパーはみじん切りにします。タルタルソースの材料を混ぜます。

4 フライパンを温め、バター10gを溶かします。ブロッコリー、じゃがいもを中火で焼きます。薄く色づいたらとり出します。フライパンの油をペーパータオルでふきとります。

5 さけの水気をふき、両面に小麦粉を薄くつけます。フライパンにバター10gを中火で溶かし、さけを表になるほうを下にして入れます。焼き色がついたら、裏返してふたをし、約2〜3分、弱めの中火で焼き、中まで火を通します。

6 器にさけを盛り、じゃがいも、ブロッコリーを添えます。タルタルソースをかけます。

● 調理時間 **20分** ／1人分 **378kcal**

献立例 ● トマトとたまねぎのスープ

焼く さけの紙包み焼き

材料を包んで、フライパンに入れておくだけ。テーブルで包みをあければ、ほかほかの湯気とともに、閉じこめられていたよい香りがふわっと上がります

*フライパンで作る包み焼きは、クッキングペーパーを使いましょう。アルミホイルで作ると、フッ素樹脂加工がいたむ原因になります

材料（2人分）
- さけ（甘塩）……2切れ（200g）
  - 白ワイン……大さじ1
  - こしょう……少々
- しいたけ……2個
- えのきたけ……1袋（100g）
- オクラ……2本
- たまねぎ……小1個（100g）
  - 塩……少々
- レモン……¼個
- バター……20g
- 30cm角のクッキングペーパー……2枚

作り方
1　しいたけは軸をとり、かさの部分を飾り切りにします。えのきたけは根元を落とします。オクラはガクの部分をけずりとり、斜め半分に切ります。たまねぎは7mm厚さの輪切りにします。レモンはくし形に切ります。バターは5gずつ4つに切ります。

2　クッキングペーパーにさけをそれぞれのせ、ワイン、こしょうをふります。たまねぎ、えのきたけ、しいたけ、オクラの半量を手前に置き、塩をふります。バターを1つずつ中央にのせます。残りのバターはとりおきます。

3　クッキングペーパーの口を閉じます。フライパンに並べてふたをし、強めの中火にかけます。包みの中の汁気が沸とうしてプツプツとしてきたら火を弱め、弱めの中火で約15分蒸し焼きにします。

4　残りのバターをのせ、レモンをしぼって食べます。

● 調理時間 **25分** ／1人分 **312kcal**

献立例 ● ほうれんそうのおひたし＋しじみのみそ汁

いためる えびとブロッコリーのマヨネーズいため

こっくりと甘味のある味がくせになるおいしさ。マヨネーズは最後に
さっと材料にからめ、加熱しすぎないようにします

材料（2人分）
えび（無頭）……150g
A ┌ 塩……小さじ⅛
　├ 酒……大さじ½
　└ かたくり粉……大さじ1
ブロッコリー……大1株（300g）
　塩……小さじ⅙
ねぎ……1本
サラダ油……大さじ1
B ┌ マヨネーズ……大さじ2
　├ 砂糖……小さじ½
　├ しょうゆ……小さじ½
　└ マスタード（または練りがらし）
　　　……小さじ½

作り方

1. ブロッコリーは洗い、小房に分けます。水気をつけたまま皿にのせて、塩をふります。ラップをふんわりかけて、電子レンジで約2分加熱します。

2. えびは殻と尾をとり、背を切り開いて背わたをとります。塩水（水カップ1に塩小さじ1の割合、材料外）で洗い、水気をふきます。Aをもみこみます。

3. ねぎは2cm長さに切ります。Bは合わせます。

4. フライパンに油を温め、えびとねぎを中火でいためます。えびの色が鮮やかになったら、ブロッコリーを加え、さらにいためます。全体に油がまわったら、Bを加えてひと混ぜし、火を止めます。

● 調理時間 **15分**／1人分**250**kcal

えびをプリッとおいしく

市販のえびは、ほとんどが冷凍品か解凍品。殻をとった場合やむきえびは、次の下ごしらえのどちらかをするとプリッとおいしくなります。

● 塩・かたくり粉でもむ
塩・かたくり粉各少々をふってもみます。このあと水洗いして調理します。

● 塩水で洗う
塩水（水カップ1に塩小さじ1の割合）の中でもみ洗いします。このあと水洗いして調理します。

献立例 ● 海藻サラダ＋チンゲンサイととうふのスープ

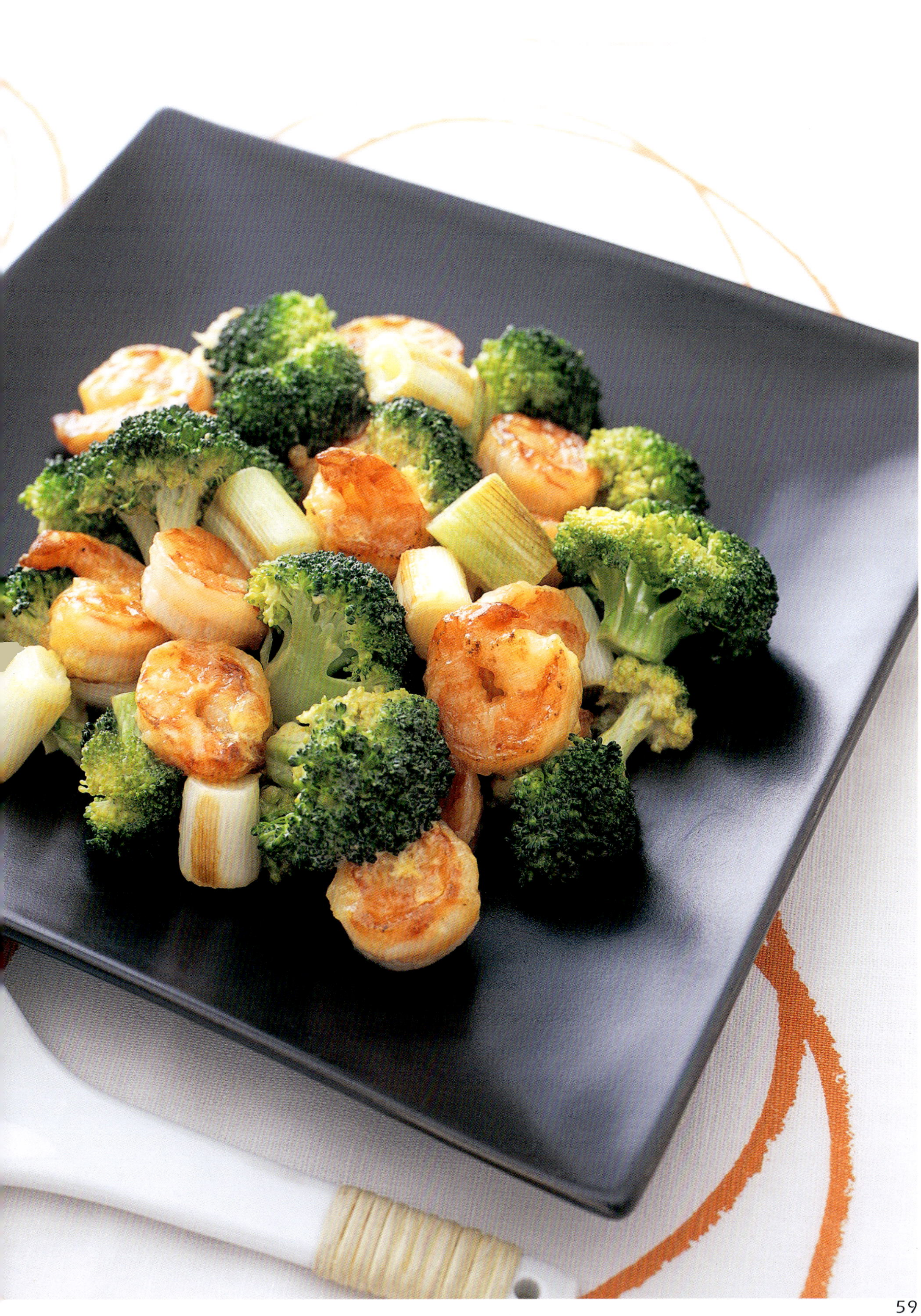

煮る あじの酢煮

酢の効果で、くさみもなく、やわらかく煮えます。煮ている間にすっぱさが飛ぶので、酸味がにが手な人でもおいしく、さっぱりと食べられます

材料（2人分）
- あじ……2尾（300g）
- しょうが……小1かけ（5g）
- A
  - 水……カップ¾
  - 酢……カップ¼
  - 砂糖……大さじ1
  - しょうゆ……大さじ1½
  - 酒……大さじ1½
  - みりん……大さじ1½
- たまねぎ……½個（100g）
- わかめ（塩蔵）……10g

作り方

1　あじは、えらとぜいご、内臓をとり除きます（ここまで店に頼んでも）。さっと水洗いし、水気をふきます。表になる側に斜めに切り目を1本入れます。

2　しょうがは、皮をこそげて薄切りにします。たまねぎは薄切りにします。わかめは洗い、水につけてかためにもどし、3～4cm長さに切ります。

3　フライパンにしょうが、Aを入れて、中火にかけます。煮立ったら、切り目を上にしてあじを入れ、煮汁をスプーンですくって、魚にかけます。アクをとり、落としぶたをして中火で約15分煮ます（裏返しません）。途中で何度か煮汁をかけます。あじとしょうがをとり出して、器に盛りつけます。

4　残りの煮汁にわかめとたまねぎを入れ、強火でさっと煮、一緒に器に盛ります。

● 調理時間 20分／1人分 147kcal

献立例 ● じゃがいものごまあえ＋キャベツのみそ汁

煮る いかの甘から煮

酒の肴としても、白いごはんのおかずにもぴったりの甘から煮。
濃いめの味つけなので、2〜3日、日もちします

材料（2人分）
- いか……1ぱい（350g）
- さやいんげん……100g
- A
  - 酒・水……各大さじ2
  - 砂糖……小さじ2
  - しょうゆ……大さじ1
- いりごま（白）……大さじ1
- ごま油……大さじ1

作り方

1　いかは足と軟骨を引き抜きます（写真1）。足ははらわたを切り分けます（写真2。ここまで店で頼んでも）。胴、エンペラは、皮つきのまま1cm幅に切ります。足は、2〜3本ずつにし、大きな吸盤と足先を除きます。

2　いんげんは4〜5cm長さに手で折ります（断面が広くなるので早く、しっかり味がつきます）。Aは合わせます。

3　フライパンにごま油を入れて中火で温めます。いかを入れ、強火で白っぽくなるまでいためます。Aを加えて混ぜます。ふたをして弱めの中火で7〜8分煮ます。

4　いんげんを加えて3〜4分煮ます。ふたをとって、強火で混ぜながら照りが出るまで煮つめます。器に盛り、ごまをふります。

● 調理時間 **20分**／1人分 **214kcal**

献立例 ● 冷や奴＋豚汁

○ いためる いかとトマトのバジルいため

いかは皮つきのまま切るだけ。冷やして食べてもおいしいいためものです。
かんたんなのに、いかのうま味とバジルのさわやかな香りで、本格派の味わいです

材料（2人分）
いか……1ぱい（300g）
トマト……1個（200g）
バジル……½パック（10g）
にんにく……1片（10g）
オリーブ油……大さじ2
しょうゆ……大さじ½
こしょう……少々

作り方

1. いかは足と軟骨を引き抜きます。足ははらわたを切り分けます（P.61参照。ここまで店で頼んでも）。胴、エンペラは、皮つきのまま1cm幅に切ります。足は2本ずつ切り離し、足先と大きな吸盤を切り落として、食べやすい長さに切ります。

2. トマトはくし形に切ります。にんにくは薄切りにします。バジルは葉をつんで、大きければ食べやすくちぎります。

3. フライパンにオリーブ油とにんにくを入れて中火で温め、香りが出たら、いかをいためます。いかに火が通って、色が白く変わったら、トマトを入れて、軽く混ぜます。

4. しょうゆ、こしょうで味をととのえます。バジルを入れてひと混ぜし、火を止めます。

● 調理時間 **15分**／1人分**224**kcal

フリージングのワザ
いか

いかは冷凍できます。はらわた、軟骨、足の吸盤をとって、部位ごとにラップに包んで冷凍用保存袋（または容器）に入れて冷凍します。電子レンジか冷蔵庫に移して解凍してから使います（保存期間約2週間）。また胴は輪切りで料理に使うなら、切っておくとらくです。

献立例 ● カラーピーマンのマリネ

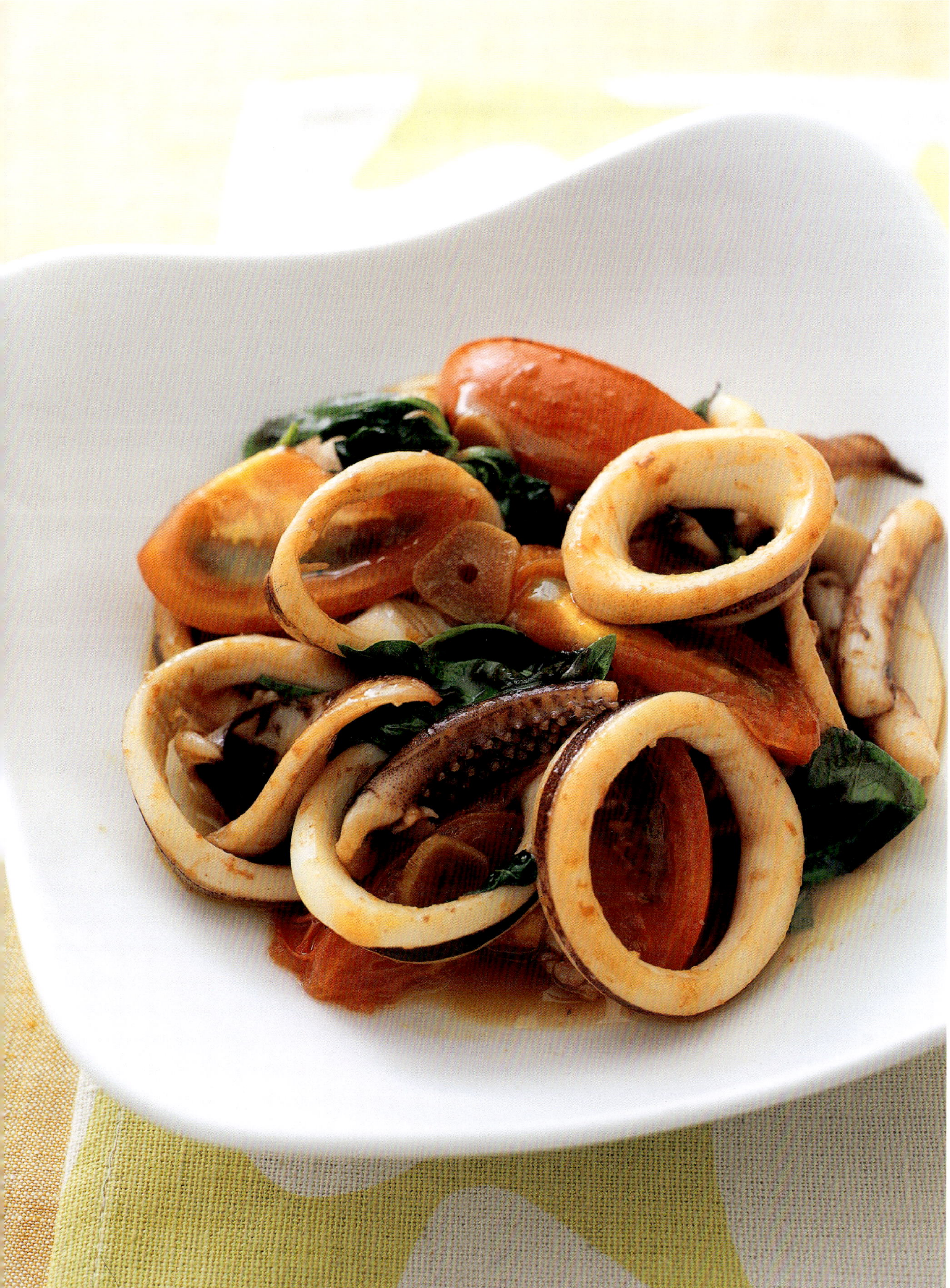

いためる うなぎととうふのいためもの

おいしいうなぎのかば焼きも、いつも丼ばかりでは飽きてしまいます。他の食材と合わせていためものにすると、栄養バランスもよくなり、かば焼き1串でメインのおかずになります

材料（2人分）
うなぎのかば焼き
　……1串（100g）
酒……大さじ½
もめんどうふ……½丁（150g）
キャベツ……100g
ピーマン（緑・赤）
　……各1個（160g）
サラダ油……大さじ1
A ┃ しょうゆ……大さじ1
　 ┃ 酒……大さじ1
　 ┃ かば焼きのたれ
　 ┃ 　……大さじ½
　 ┃ みりん……大さじ½

作り方
1　キャベツは4〜5cm角に切ります。ピーマンは縦半分にして種をとり、それぞれ8つに切ります。Aは合わせます。
2　とうふは半分に切り、1cm厚さに切ります。ペーパータオルに包んで、電子レンジで約1分30秒加熱し、水気をきります（P.14参照）。
3　うなぎは縦半分にし、2cm幅に切ります。器に入れ、酒をかけてラップをし、電子レンジで約1分加熱します。
4　フライパンに油大さじ½を中火で温め、とうふを両面焼いてとり出します。油大さじ½をたし、野菜を加えてしんなりするまでいためます。
5　うなぎととうふを加え、大きく混ぜます。Aを加えて1分ほどいためます。
● 調理時間 **15分**／1人分 **300kcal**

献立例 ● トマトときゅうりのサラダ＋たまねぎのみそ汁

焼く さわらのみそ漬け焼き

買うと意外に値の張るみそ漬けですが、家にある調味料だけで作れます。
フライパンにクッキングペーパーを敷けば、油いらずで手軽に焼けます

材料（2人分）
さわら……2切れ（200g）
　塩……小さじ¼
＜みそ床＞
　みそ……大さじ3
　砂糖……大さじ1½
　みりん……大さじ1
　酒……大さじ1
ラディッシュ……2個
A ┌ 酢……大さじ1
　│ 砂糖……小さじ1
　└ 水……小さじ1
クッキングペーパー*……1枚

*アルミホイルを使うと、フッ素樹脂加工がいたむ原因になるので注意します

作り方
1　さわらは塩をふり、約10分おきます。
2　みそ床の材料を順に混ぜます。トレーや保存容器などにラップを敷き、みそ床の半量を広げます。さわらの水気をペーパータオルでふき、並べます。残りのみそ床を上から塗り、密閉します（ジッパーつきの保存用袋に入れても）。冷蔵庫に入れて半日～1日漬けます。
3　クッキングペーパーはフライパンの底の大きさより大きめに切ります。
4　Aは合わせます。ラディッシュを薄切りにして、Aにつけます。
5　さわらをとり出し、みそ床をとり除きます。フライパンにクッキングペーパーを敷き、盛りつけたときに表になる面を下にしてさわらをのせ、弱めの中火で1～2分焼きます。焼き色がついたら裏に返し、ふたをして弱火で2～3分焼きます。ふたをとって水気を飛ばします。
6　さわらを盛りつけ、ラディッシュの水気を軽くしぼって添えます。

● 調理時間 **15分**（漬ける時間を除く）／
1人分**227kcal**

献立例 ● しゅんぎくのごまあえ＋炊きこみごはん

焼く かじきの香りパン粉焼き

かじきは1年中手に入るので、使いやすく、どんな料理にも合います。
にんにくの香りがおいしい、カリッとしたパン粉をまぶします

材料(2人分)
かじき……2切れ(200g)
　塩・こしょう……各少々
小麦粉……大さじ1
サラダ油……大さじ1
ベビーリーフ……30g
＜香りパン粉＞
パン粉……大さじ4
にんにく……1片(10g)
パセリのみじん切り……小さじ1
バター……15g
＜バルサミコドレッシング＞
バルサミコ……大さじ1
しょうゆ……大さじ1/2
みりん……小さじ1/2

作り方
1　かじきは2～3cm幅のそぎ切りにし、塩、こしょうをふります。
2　にんにくはみじん切りにします。ベビーリーフは洗って、水気をきります。バルサミコドレッシングの材料は合わせます。
3　かじきの水気をふき、小麦粉をまぶします。フライパンに油を温め、かじきの両面を中火で約2分ずつ、よい焼き色がつくまで焼きます。とり出して、フライパンの油をふきとります。
4　フライパンにバターを中火で溶かし、にんにくをさっといためます。パン粉、パセリを加えます。パン粉によい焼き色がつくまで、弱めの中火でいためます。
5　かじきをフライパンにもどし入れて、4をからめ、皿に盛ります。ベビーリーフを添え、ドレッシングをかけます。

● 調理時間**20分**／1人分**284kcal**

バルサミコ
ぶどう果汁を木の樽で熟成させた醸造酢。まろやかな酸味とコクがあり、ドレッシングや、肉・魚料理のソースに使います。しょうゆと合わせると親しみやすい味になり、煮ものにも使えます。

献立例 ● 冷やしトマト＋かぼちゃのポタージュ

焼く かじきのソテー 韓国風ソース

香味野菜たっぷりのソースをからめたソテー。
ねぎときゅうりをトッピングして、シャキッとした歯ざわりとさっぱりとした味わいを出します

材料（2人分）
かじき……2切れ（200g）
A ┌ 塩……少々
　└ 酒……小さじ1
かたくり粉……大さじ1
ねぎ……20cm
きゅうり……1/3本
にんにく……小1片（5g）
しょうが……小1かけ（5g）
ごま油……大さじ1
B ┌ 砂糖……小さじ1
　│ コチュジャン……小さじ1と1/2
　│ 酒……大さじ2
　└ しょうゆ……小さじ2

作り方
1 かじきにAをまぶして、約10分おきます。Bは合わせます。
2 きゅうりは5cm長さの斜め切りにしてから、せん切りにします。ねぎ5cmは芯をはずして、盛りつけ用に白い部分をせん切りにします。水に放して、水気をきります。
3 ねぎの芯、残りのねぎとにんにく、しょうがは皮をこそげて、みじん切りにします。
4 かじきの水気をふきとり、かたくり粉を全体にまぶします。
5 フライパンにごま油を入れて温め、かじきを入れます。中火で約2分、よい焼き色がついたら裏返します。かじきを端に寄せて火を弱め、あいたところに3を加えて2〜3分いためます。
6 かじきの両面によい焼き色がついて火が通ったら、Bを加え、火を強めます。かじきを返しながら、汁を手早くからめます。
7 皿に盛り、ねぎときゅうりのせん切りをのせます。

● 調理時間**20分**／1人分**253**kcal

献立例 ● ブロッコリーのあえもの＋卵スープ

煮る たいのアクアパッツァ

家庭でも気軽に作れるように、淡泊な味の切り身魚を使います。シンプルな材料ですが、うま味はたっぷり。おもてなしにも使える、満足できる味です

材料（2人分）
たい*……2切れ（200g）
あさり（砂抜きずみ）……100g
じゃがいも……½個（75g）
たまねぎ……½個（100g）
トマト……½個（100g）
A ┌ にんにく……1片（10g）
　└ 赤とうがらし……小1本
オリーブ油……大さじ1
水……カップ¾
固形スープの素……½個
白ワイン……大さじ2
塩・こしょう……各少々
（飾り用）イタリアンパセリ……2枝

*生たらや、かじきでも

作り方

1. じゃがいもは皮をむき、1cm厚さの半月切りにします。たまねぎは根元を残して、4つのくし形に切ります。トマトは1cm厚さの半月切りにします。にんにくは薄切りにし、赤とうがらしは種をとります。

2. たいは2つずつに切ります。あさりは約30分、塩水（材料外）につけておきます。殻をこすり合わせて、よく洗います。

3. 深めのフライパンに油を中火で温め、Aを入れます。香りが出たら、たいを入れ、強めの中火で両面を色よく焼きます（中まで火が通っていなくてOK）。すべてをとり出します。

4. 続けて、じゃがいも、たまねぎ、トマトをさっといため、スープの素と分量の水を加えます。沸とうしたらアクをとり、ふたをして弱火で7〜8分、じゃがいもがやわらかくなるまで煮ます。

5. たいをもどし入れ、あさりとワインを加えます。再びふたをし、貝の口が開いたら、塩、こしょうで味をととのえます。器に盛り、イタリアンパセリを飾ります。

● 調理時間20分／1人分215kcal

あさりの砂抜きは、半分つかるくらいの塩水で

砂抜きするには、貝が半分つかるくらいの塩水（水カップ1に塩小さじ1の割合）につけて、暗いところに2〜3時間（砂抜きずみのあさりなら約30分）おきます。

献立例 ● 生ハムとほうれんそうのサラダ

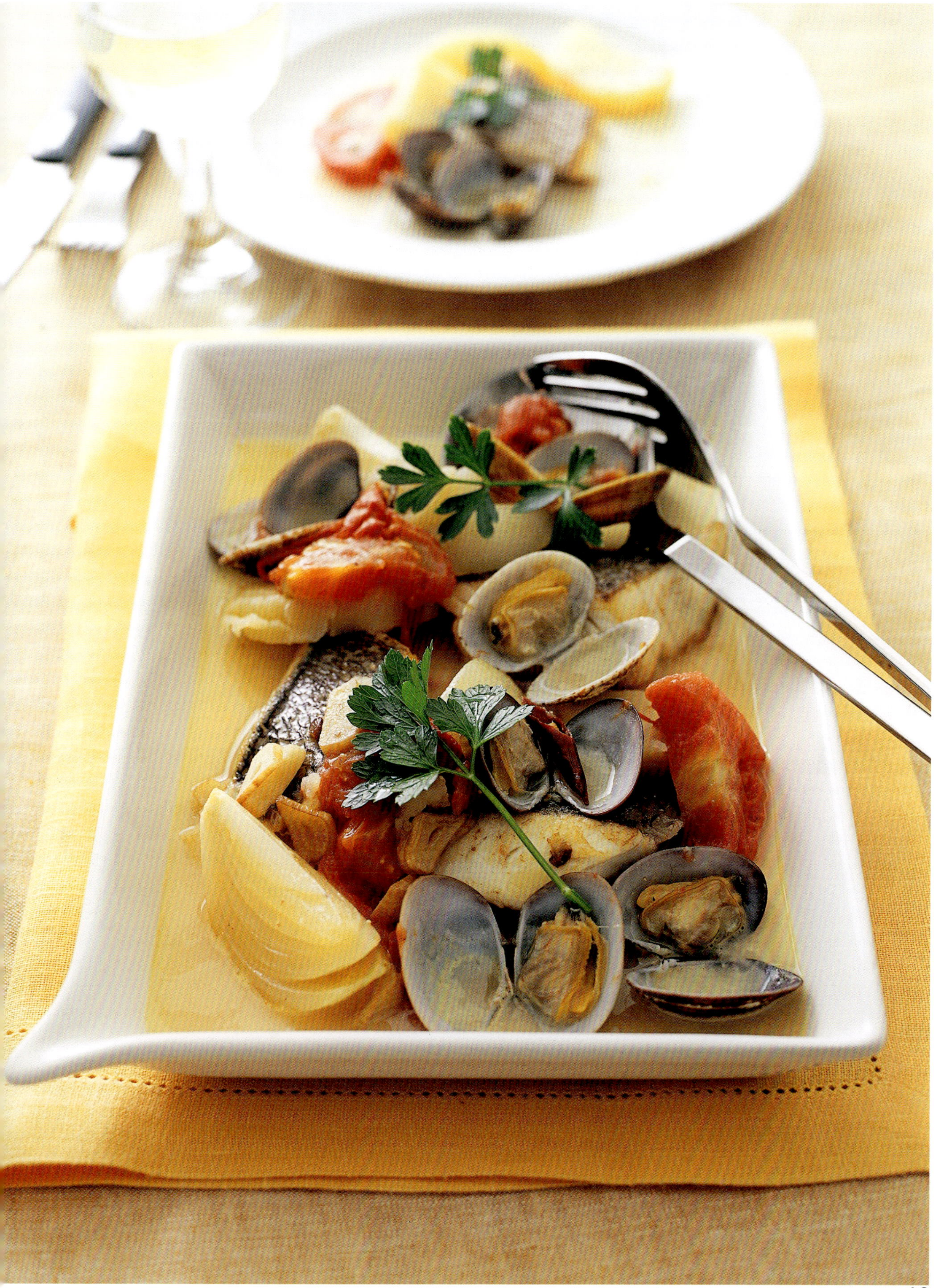

さんまのかば焼き丼 ナムル添え

焼く

お手ごろのさんまを、塩焼きばかりでなく、かば焼きにすると目先が変わります。
韓国風に、ごはんと混ぜてビビンバ風に食べても

材料（2人分）
- さんま……大1尾（200g）
- かたくり粉……大さじ½
- A
  - 砂糖……小さじ1
  - コチュジャン……大さじ½
  - 酒……大さじ2
  - しょうゆ・酢……各小さじ1
- 大豆もやし……½袋（100g）
- にら……½束（50g）
- すりごま（白）……小さじ2
- B
  - 水……大さじ1
  - 酒……大さじ1
  - 塩……小さじ⅛
- ごま油……小さじ2
- 温かいごはん……300g
- （好みで）コチュジャン……適量

作り方
1. もやしはできれば、ひげ根をとり、にらは4～5cm長さに切ります。
2. フライパンにごま油小さじ1を温め、もやしを軽くいためます。Bを加えてふたをし、5～6分弱火で蒸し煮にします。にらを加えて汁気をとばしながらいため、ごまを混ぜてとり出します。
3. さんまは頭と内臓を除いて、三枚におろします（店で頼んでも）。身は長さを半分に切ります。Aは合わせます。
4. さんまの水気をふいて、かたくり粉を両面にまぶします（写真左）。ペーパータオルでフライパンの油をふきとり、ごま油小さじ1を温めます。さんまを身を下にして入れます。中火で焼き、少し焼き色がついたら裏返し、皮がカリッとするまで焼きます。Aを加え、ひと煮立ちしたら、さんまにからめて火を止めます。
5. ごはんの上に、さんまと2を盛り、さんまに残ったAをかけます。好みでコチュジャンをつけて食べます。

● 調理時間**20分**／1人分**553**kcal

残ったにらを使って

残ったら酢みそあえ、みそ汁などに使って。
チヂミなら、おやつ代わりにもなります

にらのチヂミ

材料（2人分）
- 豚ばら肉（薄切り、1cm長さに切る）……50g
- にら（3cm長さに切る）……½束（50g）
- A
  - 小麦粉……大さじ5　卵……1個
  - 塩……小さじ⅛　水……大さじ3
- ごま油……小さじ2

作り方
1. Aをざっと混ぜ、肉とにらを加えて混ぜます。
2. フライパンにごま油小さじ1を温め、1を流し入れて平らにします。中火で約2分焼き、色づいたら裏返します。平らに形をととのえながら、1～2分焼きます。残りのごま油をまわし入れます。
3. 食べやすく切り、好みで酢じょうゆをつけて食べます。

● 調理時間**10分**／1人分**254**kcal

献立例 ● さつまいもの甘煮＋わかめスープ

71

焼く かつおと香味野菜のサラダ風

安くておいしいかつお。にんにくやしょうがをきかせるのが、おいしく食べるポイントです。香味野菜をたっぷり合わせて、ボリューム満点に

材料（2人分）
かつお（刺し身用）……½節（200g）
　塩・こしょう……各少々
にんにく……1片（10g）
サラダ油……大さじ½
サニーレタス……4枚
しその葉……5枚
みょうが……1個
かいわれだいこん……¼パック（10g）
A ┌ 酒……大さじ1½
　└ ぽん酢しょうゆ……大さじ1

作り方
1. かつおは塩、こしょうをまぶします。にんにくは薄切りにします。

2. サニーレタスはひと口大にちぎります。しそ、みょうがはせん切りにし、それぞれ水に放して水気をきります。かいわれだいこんは根元を切り落とし、長さを半分に切ります。

3. フライパンに油を弱火で温めます。にんにくを入れ、香りが出たら、中火にします。かつおを入れ、表面の色が変わる程度に、全面をさっと焼きます。かつおとにんにくをとり出します。

4. フライパンにAを入れてひと煮立ちさせ、ソースにします。

5. 器にサニーレタスを敷きます。かつおを1cm厚さに切って盛り、にんにく、しそ、みょうが、かいわれをのせます。4のソースをかけます。

● 調理時間20分／1人分216kcal

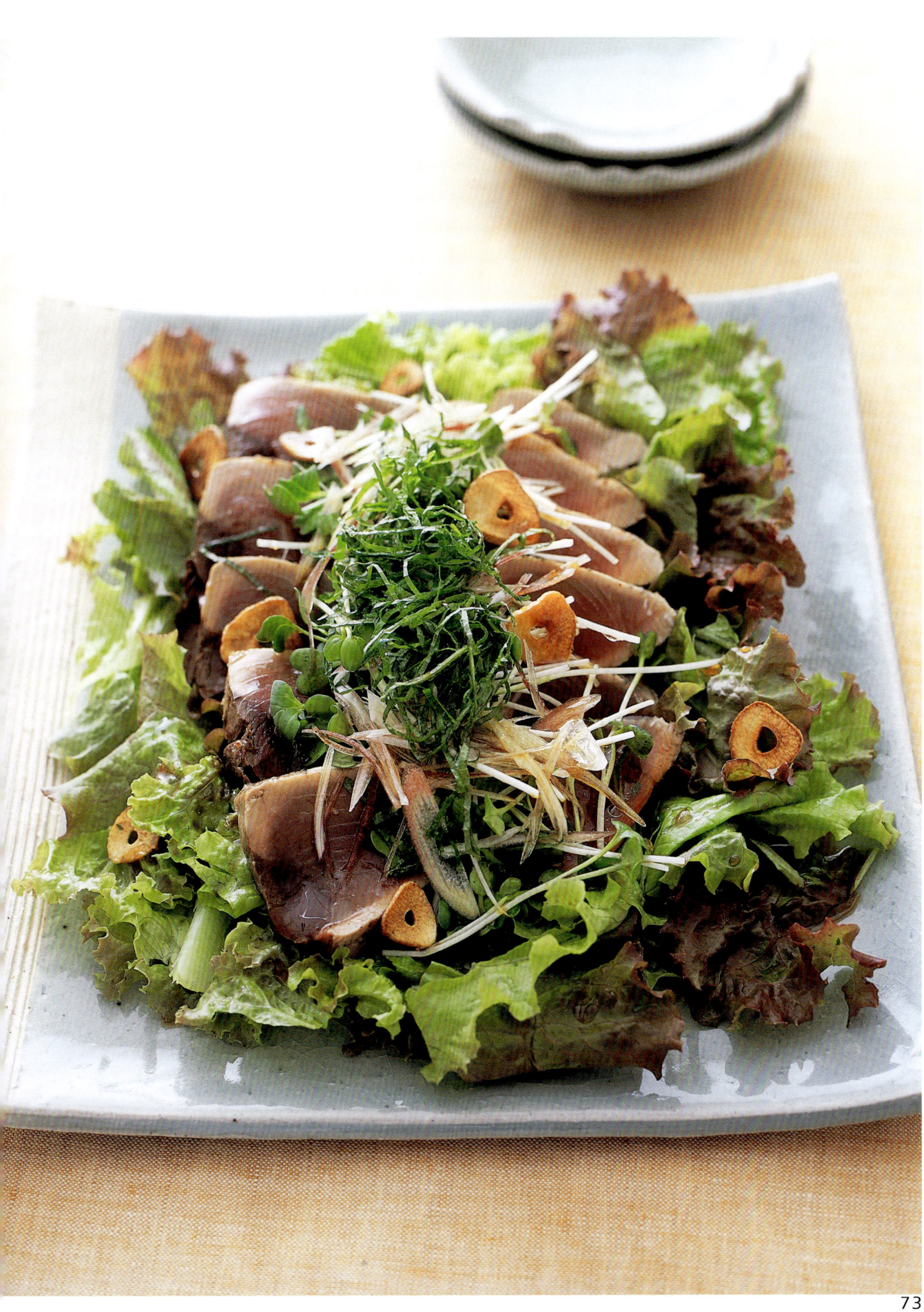

いためる たこのキムチいため

そのまま食べるには酸味が出てしまった冷蔵庫の中のキムチも、いためものなら充分使えます。強めの火加減でさっと仕上げましょう

材料（2人分）
ゆでだこ……200g
にら……½束（50g）
きゅうり……1本
　塩……少々
しょうが……小1かけ（5g）
はくさいキムチ……100g
ごま油……大さじ½
しょうゆ……小さじ1

作り方
1　たこは、約2cm大の乱切りにします。
2　にらは3～4cm長さに切ります。きゅうりはたこと同じ大きさの乱切りにし、塩をもみこみます。
3　しょうがは皮をこそげて、せん切りにします。キムチは軽く汁気をしぼり、約3cm長さに切ります。
4　フライパンにごま油を温め、しょうがをいためます。香りが出たら、たこ、にら、きゅうりを加えて強めの中火でいためます。全体に油がまわったらキムチを加えて手早く混ぜ、しょうゆをまわし入れて、火を止めます。

● 調理時間 **15分**／1人分 **164kcal**

献立例 ● にらのチヂミ（P.70）＋汁ビーフン

焼く さばソテーのごま酢だれ

フライパンで焼けば、グリルで焼くより手軽で、ソースも続けて作れます。
カリッと焼いて、ごまと酢の入った香ばしいたれをからめ、さっぱり食べます

材料（2人分）
- さば……2切れ（200g）
- 塩……小さじ¼
- ごま油……小さじ1
- 万能ねぎ……1本
- ＜ごま酢だれ＞
- 酢……大さじ2
- みそ……大さじ½
- みりん……大さじ½
- しょうゆ……小さじ1
- すりごま（白）……大さじ½

作り方
1　さばは、皮に切り目を入れて塩をふり、10分ほどおきます。

2　ねぎは小口切りにします。ごま酢だれの材料を合わせます。

3　さばの水気をふきます。フライパンに油を温め、さばを皮を下にして入れ、中火で2〜3分焼きます。焼き色がついたら裏返し、ふたをして火を少し弱め、3〜5分焼いて、中まで火を通します。

4　ペーパータオルでさばのまわりの油をふきます。ごま酢だれを加えてひと煮立ちさせ、火を止めます。

5　さばを皿に盛り、フライパンに残っているたれをかけます。万能ねぎを散らします。

● 調理時間 **20分**／1人分 **243kcal**

献立例 ● さといもの含め煮＋キャベツの浅漬け

煮る きんめだいの煮つけ

煮魚は身をくずさないように煮るのがポイントです。「むずかしそう」というイメージがありますが、フライパンなら、とり出すのもらくなので、煮魚に向いています

材料（2人分）
きんめだい……2切れ（240g）
れんこん……60g
わけぎ（万能ねぎでも）……50g
しょうが……1かけ（10g）
＜煮汁＞
水……カップ¾
酒……カップ½
砂糖……大さじ1
みりん……大さじ2½
しょうゆ……大さじ2

作り方
1 わけぎは4cm長さに切ります。れんこんは皮をむいて、5mm厚さの半月切りにします。しょうがは皮をこそげて、薄切りにします。きんめだいは、皮に浅く切り目を入れます。
2 フライパンに煮汁の材料としょうがを入れて、強めの中火にかけます。煮立ったら、きんめだいを皮を上にして並べ、煮汁をスプーンですくって魚にかけます。再び沸とうしたら、落としぶたをして中火で約10分煮ます（裏返しません）。途中2～3回、煮汁をかけます。
3 落としぶたをとり、わけぎとれんこんを加え、1～2分煮てとり出します。煮汁を魚にかけながら、煮汁が大さじ2くらいになるまで煮つめます。
4 魚を盛り、れんこんとわけぎを前盛りにします。煮汁を全体にかけます。
● 調理時間 **20分**／1人分**164**kcal

献立例 ● きゅうりとしらすの酢のもの＋とうふのみそ汁

煮る かに入りふわたま丼

フライパンは、親子丼の鍋代わりにもなります。味をつけたスープに卵を加えれば、ふんわりやさしいかにたまに仕上がります

材料（2人分）
- 卵……2個
  - 塩……少々
- ゆでかに肉……80g
- ゆでたけのこ……30g
- きくらげ……3個
- ねぎ（青い部分も）……½本
- A
  - 水……カップ2
  - 中華スープの素……小さじ1
  - 砂糖……大さじ¼
  - うすくちしょうゆ……大さじ1
  - 酢……大さじ½
- こしょう……少々
- ＜かたくり粉・水……各大さじ1＞
- ごま油……小さじ½
- 温かいごはん……400g

作り方
1 きくらげは水につけて、もどします。きくらげ、たけのこは細切りにし、ねぎは斜め薄切りにします。かにはざっとほぐします。

2 卵を割りほぐし、塩を混ぜます。水どきかたくり粉は合わせます。

3 深めのフライパンにAを煮立てます。1を加えて、ふたをしないで弱めの中火で約5分煮ます。こしょうをふり、火を止めます。全体を混ぜながら、水どきかたくり粉をもう一度混ぜて加えます。火をつけて煮立て、とろみをつけます。

4 卵を回し入れて軽く混ぜ、卵が浮き上がったら、ごま油を加えます。

5 器にごはんを盛り、4をかけます。

● 調理時間 **20分**／1人分 **491kcal**

献立例 ● 青菜のいためもの＋ワンタンスープ

煮る ぶりの中国風蒸し 野菜ソース

しょうがとねぎを多めに加えて蒸し煮するので、くさみは気にならず、ソフトな仕上がりになります。野菜たっぷりのソースがうれしい

材料（2人分）
- ぶり……2切れ（200g）
  - 塩……小さじ1/4
- ねぎ（青い部分も）……1/2本
- ピーマン……1個（40g）
- えのきたけ……1/2袋（50g）
- しょうが……大1かけ（15g）
- 酒……大さじ2
- A
  - 豆板醤（トーバンジャン）……小さじ1/4
  - ごま油……大さじ1/2
- B
  - 水……大さじ2
  - オイスターソース……大さじ1/2
  - しょうゆ……大さじ1/2

作り方
1　ぶりは塩をふって、5分ほどおきます。

2　ねぎは斜め薄切りにします。ピーマンは縦半分にして、種をとり、細切りにします。えのきは根元を切り、しょうがは皮をこそげてせん切りにします。Bは合わせます。

3　フライパンに水大さじ3（材料外）を入れ、ねぎとしょうがの半量を入れます。ぶりは水気をふき、ねぎとしょうがの上に並べて、酒をふります。ふたをして火にかけ、沸とうしたら中火にします。5～6分蒸し煮にし、皿にとり出します。

4　ペーパータオルでフライパンの油をふき、Aを入れて温めます。香りが出たら、ピーマンとえのき、残りのねぎとしょうがを入れて、1分ほどいためます。Bを加えてひと煮立ちさせ、魚にかけます。

● 調理時間 20分／1人分 290kcal

献立例 ● サニーレタスとれんこんのサラダ＋じゃがいものみそ汁

野菜たっぷりのおかず

vegetable × frying pan →

揚げる 野菜と豚肉の揚げびたし

冷蔵庫にちょっとずつ残っていた野菜は、まとめて揚げびたしにして使いきりましょう。
2～3日保存がきくので、翌日もさらにおいしく食べられます

材料（2人分）
- 豚もも肉（しょうが焼き用）……150g
  - かたくり粉……大さじ1½
- さつまいも……80g
- れんこん……80g
- しめじ……½パック（50g）
- みょうが……2個
- さやいんげん……4本
- サラダ油……適量
- A
  - 熱湯……カップ½
  - しょうゆ……大さじ1½
  - みりん……大さじ1½
  - 豆板醤（トーバンジャン）……小さじ¼

作り方

1. 豚肉は4cm長さに切ります。さつまいもは皮つきのまま、れんこんは皮をむいて、それぞれ7mm厚さに切り、水にさらして水気をきります。しめじは根元を落とし、小房に分けます。いんげんは4cm長さに切ります。みょうがは縦半分に切ります。

2. ボールにAを合わせます。

3. 深めのフライパンに油を1cm深さほど入れ、中温（160～170℃）に熱します。野菜の水気をふき、さつまいもは約3～4分、ほかの野菜は2～3分揚げます。油の温度を高温（170～180℃）に上げ、豚肉にかたくり粉をつけて1～2分揚げます。*揚げもののコツはP.54。

4. 3を熱いうちに、Aにつけます。

● 調理時間 **25分**／1人分 **381**kcal

常備菜におすすめ

揚げびたしは、作りおきに向く料理です。時間がたつにつれて汁がしみこむので、味つけは薄めにします。

献立例 ● しらあえ＋かきたま汁

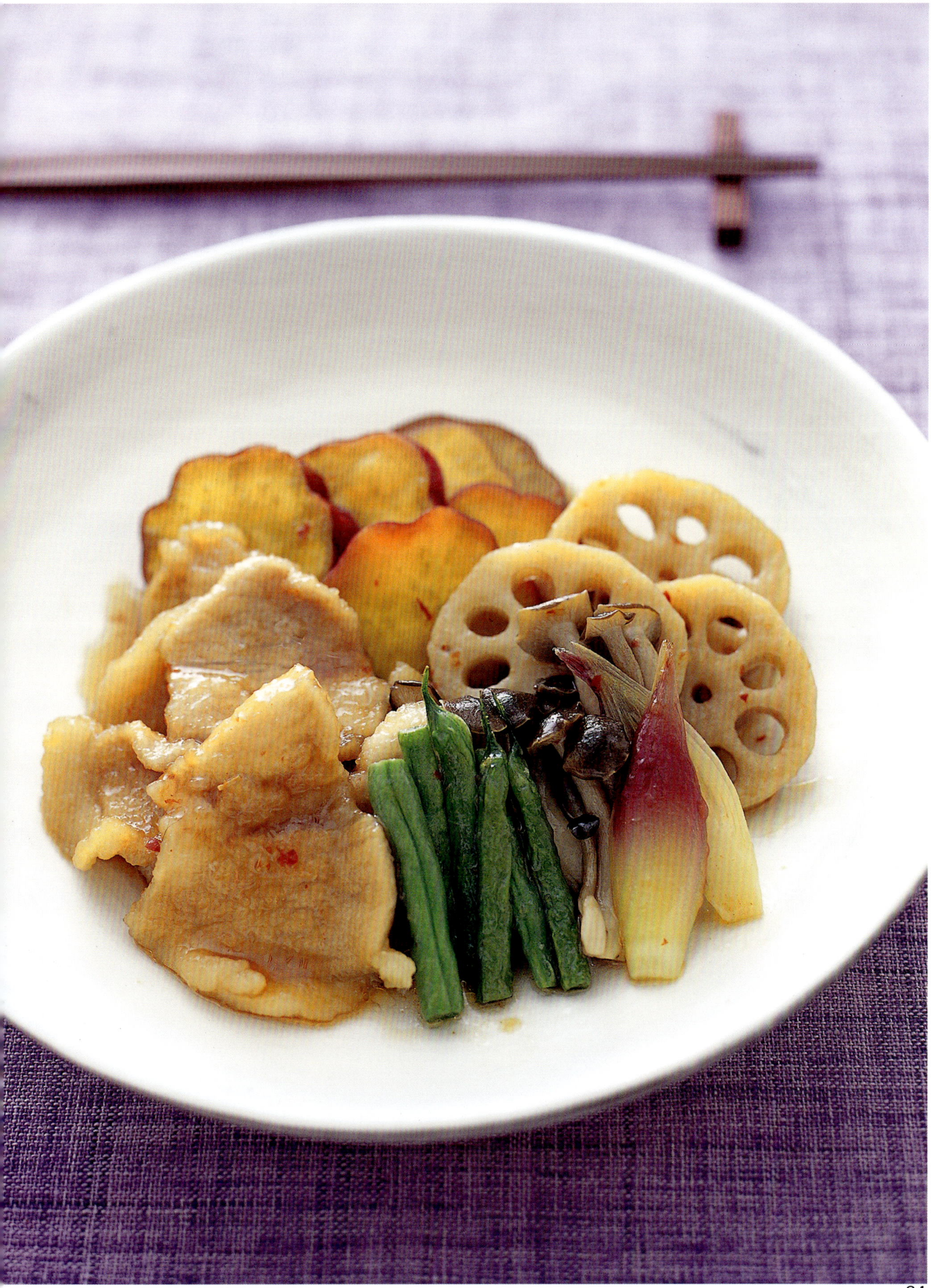

揚げる チーズ入りかぼちゃコロッケ

じゃがいもより下ごしらえがらくな、かぼちゃを使ったコロッケ。皮つきのまま電子レンジにかけて、フォークでつぶすだけです。フライ衣は、小麦粉に卵を混ぜてしまい、手間をさらにはぶきます

材料（2人分）
- かぼちゃ……250g
- A
  - バター……10g
  - 塩……小さじ1/6
  - こしょう……少々
- カマンベールチーズ*……50g
- B
  - 小麦粉……大さじ1
  - とき卵……大さじ1
  - 水……大さじ1/2
- パン粉……カップ1/4
- サラダ油……適量
- ＜つけ合わせ＞
- キャベツ……50g
- しその葉……3枚

*好みのチーズでも

作り方

1 かぼちゃは種とわたをとり、皮のきたないところをけずりとります。4つに切ります。皿に皮を上にしてのせ、ラップをかけます。電子レンジで5〜6分、やわらかくなるまで加熱します。

2 キャベツとしそはせん切りにします。

3 かぼちゃは熱いうちに皮ごとフォークなどでつぶし、Aを加えて混ぜます。4等分にしてさまします。

4 チーズは4等分に切ります。Bは合わせます。

5 3のまん中にチーズを置き、包みながら、小判形にまとめます。4つ作ります。

6 5にB、パン粉を順につけます。

7 深めのフライパンに油を1cm深さほど入れ、高温（170〜180℃）に温めます。6を入れて1〜2分、色よく揚げます。器にコロッケと2を盛ります。

*揚げもののコツはP.54。

● 調理時間 **20分**／1人分**508kcal**

献立例 ● 豆と野菜のスープ

焼く 焼き野菜のマリネ

やわらかくて甘味のある、カラーピーマンを使ったマリネ。大きな器に盛れば、
おもてなしとしても見ばえがします。酸味がほどよくきいた、さっぱりとした味です

材料（2人分）
- とりもも肉……150g
  - 塩……小さじ1/8
- たまねぎ
  - ……（横半分を）1/2個（100g）
- 赤・黄ピーマン（大）
  - ……各1/2個（150g）
- なす……1個（70g）
- にんにく……1片（10g）
- 白ワイン……大さじ1
- オリーブ油……大さじ1
- A ┌ 塩……小さじ1/8
    └ こしょう……少々
- マリネ液 ┌ ワインビネガー（白）……大さじ3
           │ 白ワイン……大さじ1
           │ ローリエ……小1枚
           └ オリーブ油……大さじ1

作り方

1 たまねぎは5〜6mm厚さの輪切りにし、2〜3つずつにばらばらにします。ピーマンは種をとり、8つずつに切ります。なすは1cm厚さの輪切りにします。にんにくは薄切りにします。

2 マリネ液の材料は合わせます。

3 とり肉はひと口大のそぎ切りにし、塩をふります。

4 フライパンに油大さじ1/2を温め、肉を入れます。中火で焼き、焼き色がついたら裏返し、なすを加えて一緒に両面に焼き色がつくまで焼きます。ワイン大さじ1/2を加えてふたをし、1〜2分蒸し煮にします。とり出してマリネ液につけます。

5 フライパンの油をペーパータオルでふきとり、油大さじ1/2とにんにくを入れて温めます。香りが出たら、残りの野菜を入れて、中火で1〜2分いためます。Aとワイン大さじ1/2を加えてふたをし、弱火で1分ほど蒸し煮にします。マリネ液に入れ、30分ほどつけます。

● 調理時間 **20分** （つける時間を除く）
／1人分 **295**kcal

献立例 ● グリーンサラダ＋じゃがいものポタージュ

煮る 中華飯

トロリとしたあんをたっぷりごはんにかけた、丼もの。材料はちょっと多いですが、その分、いろいろなうま味が合わさったおいしさに満足できます

材料（2人分）
豚ロース肉（薄切り）……100g
A ┌ 塩……小さじ1/8
　 └ 酒……小さじ1
ほたて貝柱（刺し身用）……60g
はくさい……200g*
にんじん（3〜4cm長さ）……30g
ねぎ……10cm
しょうが……小1かけ（5g）
B ┌ 水……カップ1
　 │ スープの素……小さじ1/2
　 │ オイスターソース……大さじ1
　 │ 塩……小さじ1/3
　 └ かたくり粉……大さじ1
サラダ油……大さじ1
温かいごはん……300g

*1/4カットのものなら約8枚。
チンゲンサイやタアサイを使っても

作り方
1. はくさいは、葉と白い部分に分けます。白い部分は約3cm角、葉は4〜5cm角に切ります。ねぎは斜め薄切り、しょうがは皮をこそげて薄切りにします。

2. にんじんは1.5cm幅、2mm厚さに切ります。器に入れ、水大さじ1（材料外）をふり、ラップをして電子レンジで約2分加熱します（いためる時間が短くてすみ、色がきれいに仕上がります）。

3. 豚肉は3〜4cm長さに切り、Aをまぶします。ほたては、厚みを3〜4つに切ります。Bは合わせます。

4. 深めのフライパンに油を温め、強めの中火で肉としょうがをいためます。肉の色が変わったら、はくさいの白い部分を1〜2分いためます。続けて、はくさいの葉、にんじん（汁ごと）、ねぎの順に入れていためます。野菜がしんなりしたら、ほたてを加えます。火を止め、Bをもう一度混ぜて加え、大きく混ぜます。再び火をつけ、とろみをつけます。ごはんにかけます。

● 調理時間 20分／1人分 522kcal

献立例 ● しじみとねぎのスープ

85

煮る ミネストローネ

パスタ用に、わざわざ湯をわかさなくてもだいじょうぶ。野菜と一緒にパスタを煮て、時間と手間をはぶきます。めんどうなトマトの湯むきも、電子レンジですませます

材料（2人分）
- トマト……1個（200g）
- たまねぎ……½個（100g）
- じゃがいも……½個（75g）
- セロリ……½本（50g）
- ベーコン……2枚（40g）
- ショートパスタ（フジッリ）*……40g
- にんにく（みじん切り）……1片（10g）
- オリーブ油……大さじ½
- 水……カップ3
- 固形スープの素……1個
- 塩・こしょう……各少々
- 粉チーズ……小さじ2

*ショートパスタはマカロニやファルファッレなど、好みのものでOK。ゆで時間の短いものがおすすめ

作り方

1 セロリは筋をとります。たまねぎ、じゃがいも、セロリを1cm角に切ります。ベーコンは1cm幅に切ります。

2 トマトは皮に十字の切りこみを入れて皿にのせ、電子レンジで約1分30秒加熱し、皮をむきます。横半分に切って種を出し、1cm角に切ります。

3 深めのフライパンに油を温め、ベーコン、にんにく、たまねぎ、セロリを入れて、中火で約1分いためます。分量の水を加え、沸とうしたらアクをとります。トマトとパスタを入れ、ふたをして中火で煮ます。

4 パスタがほぼ煮えたら、じゃがいも、スープの素を加えて3分ほど煮ます。塩、こしょうで味をととのえます。器に盛り、粉チーズをふります。

● 調理時間 **20分**／1人分**268kcal**

献立例 ● ほたてとさやいんげんのマリネサラダ

はくさいと青菜のクリーム煮

煮る

牛乳を使ったクリーム煮は、手軽に作れて、まろやかな口あたり。ほたて缶でコクが出ます

材料（2人分）
- はくさい……300g
- こまつな……50g
- ロースハム……2枚（40g）
- しょうが……1かけ（10g）
- サラダ油……大さじ1
- ほたて水煮缶詰（フレーク）……小1缶（65g）
- A
  - 水……カップ¼
  - 中華スープの素……小さじ1
  - 塩……小さじ⅙
  - こしょう……少々
- 牛乳……カップ¾
- かたくり粉……大さじ1
- 水……大さじ1

作り方
1　はくさいは葉と白い部分に分け、葉は3〜4cm角、白い部分は4cm長さ、2cm幅に切ります。こまつなは根元を落とし、4cm長さに切ります。しょうがは皮をこそげ、せん切りにします。ハムは半分に切り、細切りにします。水どきかたくり粉は合わせます。

2　深めのフライパンに油を温め、しょうがを入れます。香りが出たら、強めの中火ではくさいの白い部分をいためます。しんなりしてきたら、こまつな、はくさいの葉を加えて、混ぜながらいためます。

3　全体に油がまわったら、Aとほたてを缶汁ごと加えます。沸とうしたら中火にし、時々混ぜながら2〜3分煮ます。

4　ハム、牛乳を加えてひと煮立ちさせます。火を止めて、水どきかたくり粉を混ぜて加え、全体を混ぜます。再び火にかけ、混ぜながらとろみをつけます。

● 調理時間 **15分**／1人分 **227kcal**

献立例　● じゃがいもとアスパラガスのいためもの

いためる マーボーもやし

もやしは冷蔵庫に入れていても、いたみが早いもの。中途半端に残してムダにならないように、1袋が使いきれるレシピにしました。シャキッとした食感がおいしく、箸が進みます

材料（2人分）
もやし……1袋（250g）
A ┌ 塩……小さじ⅙
　 └ サラダ油……大さじ½
B ┌ ねぎ……10cm
　 │ にんにく……小1片（5g）
　 └ しょうが……小1かけ（5g）
にら……½束（50g）
豚ひき肉……100g
サラダ油……大さじ½
豆板醤（トーバンジャン）……小さじ½
C ┌ 甜面醤（テンメンジャン）……大さじ1
　 │ 酒……大さじ2
　 │ しょうゆ……大さじ½
　 │ 砂糖・中華スープの素……各小さじ½
　 └ かたくり粉……大さじ½

作り方
1. Bの野菜は、みじん切りにします。にらは3〜4cm長さに切ります。Cは合わせます。
2. フライパンにもやしとAを入れて混ぜます。ふたをして、中火で約2分蒸し煮にします。ふたをとって約2分いため、水分をよくとばし、とり出します。
3. 続いて、フライパンに油を温め、Bの野菜を弱火でいためます。香りが出たら、豆板醤を加えてなじませます。
4. 3にひき肉を入れ、ほぐしながら、パラパラになるまで中火でいためます。
5. Cをもう一度よく混ぜて加え、混ぜます。煮立ったら、もやし、にらを加えて、さっといため合わせ、火を止めます。

● 調理時間**20分**／1人分**240**kcal

豆板醤・甜面醤

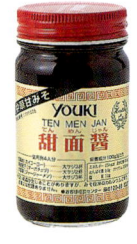

豆板醤は、メーカーによって辛さや塩分が違うので、味をみながら使います。1回に使う量は、小さじ½〜1くらいなので、使いきれるように小びんを買うとよいでしょう。甜面醤は、麻婆豆腐や回鍋肉（ホイコーロー）などに大さじ単位で使うことが多いので、中びんを求めてもよいでしょう。

献立例 ● レタスとちりめんじゃこのサラダ＋トマト入り中華スープ

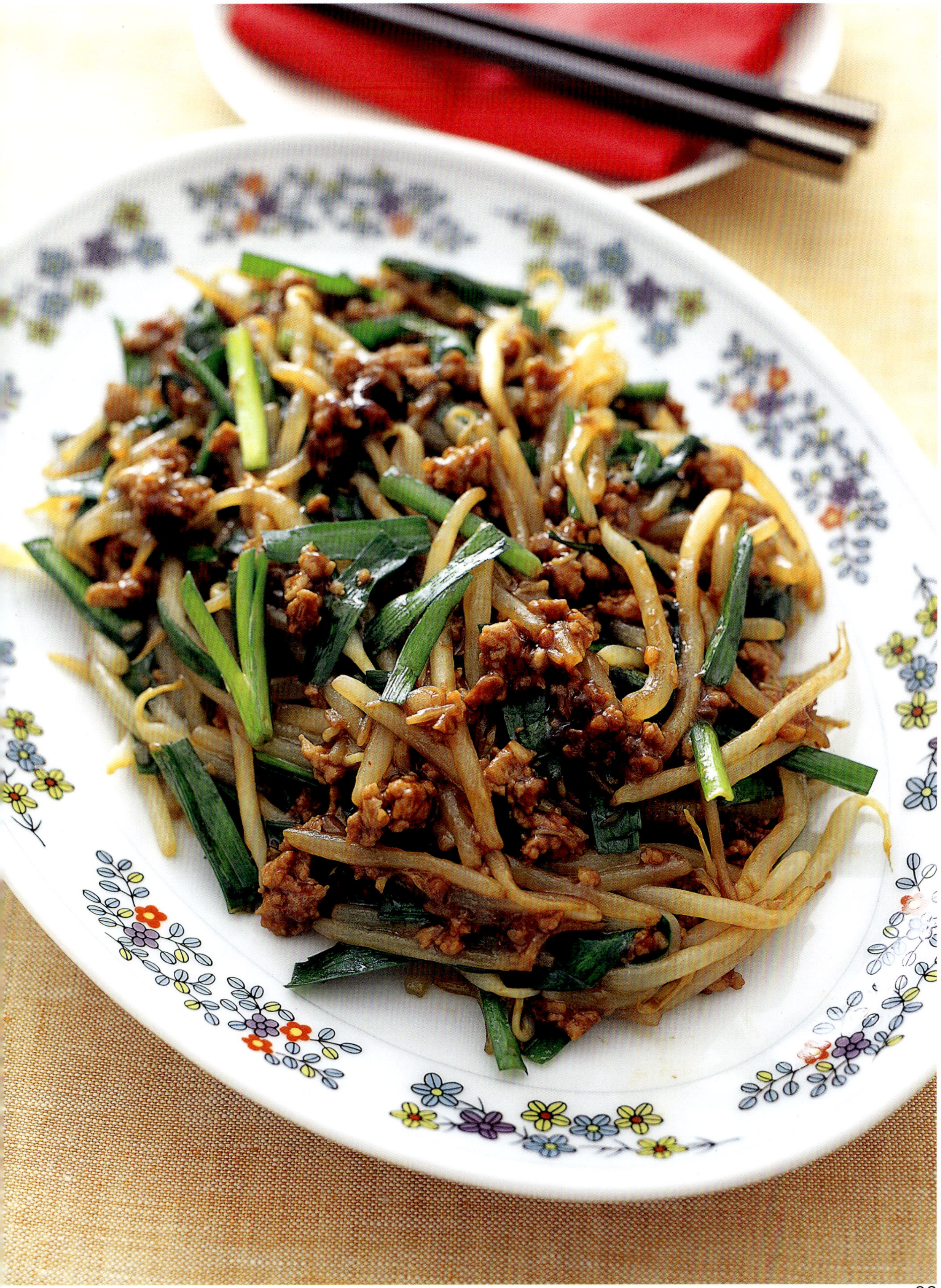

いためる 長いもとれんこんのいためもの

味つけは市販のぽん酢しょうゆ。調味料を合わせずにできる、さっぱり味のスピードおかずです。ほっくりとした食感の長いもと、れんこんの歯ざわりがおいしい

材料(2人分)
豚ばら肉(薄切り)……50g
長いも……200g
れんこん……100g
ねぎ……20cm
サラダ油……大さじ½
塩・こしょう……各少々
ぽん酢しょうゆ……大さじ1½

作り方
1　長いも、れんこんは皮をむき、5〜6mm厚さの半月切りにします。ねぎは1cm幅の小口切りにします。
2　豚肉は2〜3cm長さに切ります。
3　フライパンに油を温め、豚肉を広げて入れ、中火でいためます。肉の色が変わったら、れんこんを加え、1〜2分いためます。れんこんがすき通ってきたら、ねぎ、長いもを加え、大きく混ぜながら1〜2分いためます。塩、こしょうをふり、ぽん酢しょうゆを回し入れて、火を止めます。

● 調理時間 **15分**／1人分**222kcal**

献立例 ● みず菜の煮びたし＋さけのかす汁

カレー風味の焼きビーフン

いためる

米でできたビーフンは、中国料理では定番のめん。汁ものやサラダとしてもアレンジできるのがうれしい食材です。汁気を少し残して仕上げるので、のどごしよく、するするっと食べられます

材料（2人分）
- ビーフン……120g
- 豚ひき肉……60g
- むきえび（小さめのもの）……40g
- たまねぎ……1/2個（100g）
- にら……1/2束（50g）
- にんじん（3cm長さ）……20g
- しいたけ……2個
- にんにく……1片（10g）
- サラダ油……大さじ1
- A
  - 水……カップ1 1/2
  - 酒……大さじ1
  - しょうゆ……大さじ1
  - カレー粉……小さじ2
  - スープの素……小さじ1
  - 塩……小さじ1/4

作り方

1 ビーフンは表示どおりにもどし、水気をきります。食べやすい長さに切ります。Aは合わせます。

2 たまねぎは薄切り、にらは4cm長さに切ります。にんじんはせん切りにします。しいたけは軸をとり、薄切りにします。にんにくはみじん切りにします。

3 えびは背わたをとります。

4 フライパンに油とにんにくを入れて温め、香りが出たら、ひき肉を加えて強火でいためます。肉がポロポロになったら、えびと野菜を加えて中火でいためます。

5 たまねぎがすき通ったら、Aとビーフンを加えます。全体を混ぜながら、汁気が多少残るまでいため煮にします。

● 調理時間 **20分**／1人分**416kcal**

ビーフン

細めのもの（左）と太めのもの（右）があります。焼きビーフンには、具とよくからむ太めのタイプ、たっぷりのスープで食べる汁ビーフンには細めのタイプが向きます。使うときは、表示どおりにもどします。

献立例 ● きゅうりの甘酢あえ＋はくさいのスープ

煮る キャベツとあさりの蒸し煮

あさりのうま味がたっぷり。あさりは、キャベツやはくさいなど、ボリュームのある野菜と合わせると、メインのおかずになります

材料（2人分）
あさり（砂抜きずみ*）……200g
キャベツ……250g
にんじん（4〜5cm長さ）……30g
にんにく……小1片（5g）
しょうが……小1かけ（5g）
サラダ油……大さじ½
酒……大さじ2
しょうゆ……大さじ½
＊あさりの砂抜き→P.68

作り方
1 あさりは約30分、塩水（材料外）につけておきます。殻をこすり合わせて、よく洗います。
2 キャベツは4〜5cm角のざく切りにし、にんじんは7〜8mm幅の薄切りにします。にんにくとしょうがは、薄切りにします。
3 フライパンに油とにんにく、しょうがを入れて中火でいためます。香りが出たら、あさりを加えていため、キャベツとにんじんを加えて混ぜます。酒をふってふたをし、強めの中火にして3〜4分蒸し煮にします。あさりの殻があいたら、しょうゆを回し入れて、火を止めます。

● 調理時間 **15分**／1人分**80kcal**

献立例 ● 豚肉となすのみそいため（P.16）＋かぼちゃのみそ汁

煮る キャベツとソーセージのスープ煮

野菜不足かなというときにおすすめのスープ煮。甘く煮えたキャベツや、ほっくりやわらかいじゃがいもがおいしく、うま味たっぷり。

材料(2人分)
キャベツ……1/8個(約350g)
にんじん……80g
じゃがいも……1個(150g)
小たまねぎ*……4個(80g)
ウィンナーソーセージ
　　……4本(120g)
バター……15g
A ┌ 水……カップ2 1/2
　│ 固形スープの素……1個
　│ ローリエ……小1枚
　│ 塩……小さじ1/8
　└ こしょう……少々
粒マスタード……小さじ1

*小たまねぎの代わりに、たまねぎ100gでも。くし形切りにして使います

作り方
1　キャベツは芯をつけたまま、縦2つに切ります。にんじんは約3cm長さの乱切りにします。じゃがいもは皮をむき、4つに切ります。小たまねぎは上下を少し切り、皮をむきます。ウィンナーは、斜めの切りこみを入れます。
2　深めのフライパンにバターを入れ、中火で溶かします。キャベツ以外の野菜をいためます。全体に油がまわったら、キャベツとAを加えます。ふたをずらしてのせ、弱めの中火で約15分煮ます。
3　ウィンナーを加えて、さらに約5分煮ます。器に盛り、粒マスタードを添えます。

● 調理時間 **25分**／1人分**365kcal**

献立例　● スモークサーモンのサラダ＋いちごのチーズクリーム

さくいん

豚肉

- 08 豚肉とアスパラガスのいためもの
- 10 しょうが焼き
- 12 豚ヒレ肉のソテー 豆乳ソース
- 14 豚肉とオクラのチャンプルー
- 16 豚肉と野菜のソテー ピリ辛ソース
- 17 豚肉のソテー マスタードソース
- 18 豚かたまり肉とさつまいもの煮こみ
- 19 豚肉となすのみそいため
- 20 だいこんと豚肉の煮もの
- 21 白いんげん豆と豚肉のスープ煮
- 70 にらのチヂミ
- 80 野菜と豚肉の揚げびたし
- 84 中華飯
- 86 ミネストローネ(ベーコン)
- 87 はくさいと青菜のクリーム煮(ロースハム)
- 90 長いもとれんこんのいためもの
- 93 キャベツとソーセージのスープ煮(ウィンナーソーセージ)

とり肉

- 22 ハーブバターのチキンカツ
- 24 とり肉のねぎソースがけ
- 26 とり肉の香草焼き
- 28 とり肉のトマト煮
- 30 とり肉ときのこのワイン蒸し
- 31 とり肉の照り煮の親子丼
- 32 とり肉と野菜のこっくり煮
- 33 とり肉のごまつけ焼き
- 83 焼き野菜のマリネ

牛肉

- 34 牛肉とブロッコリーのオイスターいため
- 35 プルコギ
- 36 牛肉とごぼうのいため煮
- 38 ワンプレートステーキごはん
- 40 ハッシュドビーフ
- 41 焼き肉のスープかけごはん

ひき肉

- 42 具だくさんのひき肉オムレツ
- 44 ひき肉と豆のカレー
- 46 れんこんのつくね焼き
- 48 大きなひき肉だんごのスープ煮
- 49 ひき肉あんの中国風茶碗蒸し
- 50 具だくさんのぎょうざ風お焼き
- 88 マーボーもやし
- 91 カレー風味の焼きビーフン

魚介類

あ
- 68 たいのアクアパッツァ(あさり)
- 92 キャベツとあさりの蒸し煮
- 60 あじの酢煮
- 61 いかの甘から煮
- 62 いかとトマトのバジルいため
- 52 いわしのイタリアンソテー
- 64 うなぎととうふのいためもの
- 58 えびとブロッコリーのマヨネーズいため
- 91 カレー風味の焼きビーフン(えび)

か
- 66 かじきの香りパン粉焼き
- 67 かじきのソテー 韓国風ソース
- 72 かつおと香味野菜のサラダ風
- 77 かに入りふわたま丼
- 76 きんめだいの煮つけ

さ
- 54 さけのさっと揚げ
- 56 さけのムニエル タルタルソース
- 57 さけの紙包み焼き
- 75 さばソテーのごま酢だれ
- 65 さわらのみそ漬け焼き
- 70 さんまのかば焼き丼 ナムル添え

た
- 68 たいのアクアパッツァ
- 74 たこのキムチいため

は
- 78 ぶりの中国風蒸し 野菜ソース
- 84 中華飯(ほたて)
- 87 はくさいと青菜のクリーム煮(ほたて水煮)

野菜、くだもの

あ
- 35 プルコギ(えのきたけ)
- 49 ひき肉あんの中国風茶碗蒸し(えのきたけ)
- 57 さけの紙包み焼き(えのきたけ)
- 78 ぶりの中国風蒸し 野菜ソース(えのきたけ)
- 08 豚肉とアスパラガスのいためもの(エリンギ)
- 44 ひき肉と豆のカレー(エリンギ)
- 54 さけのさっと揚げ(エリンギ)
- 14 豚肉とオクラのチャンプルー
- 57 さけの紙包み焼き(オクラ)

か
- 36 牛肉とごぼうのいため煮(かいわれだいこん)
- 72 かつおと香味野菜のサラダ風(かいわれだいこん)
- 48 大きなひき肉だんごのスープ煮(かぶ)
- 12 豚ヒレ肉のソテー 豆乳ソース(かぼちゃ)
- 82 チーズ入りかぼちゃコロッケ
- 50 具だくさんのぎょうざ風お焼き(キャベツ)
- 64 うなぎととうふのいためもの(キャベツ)
- 92 キャベツとあさりの蒸し煮
- 93 キャベツとソーセージのスープ煮
- 67 かじきのソテー 韓国風ソース(きゅうり)
- 74 たこのキムチいため (きゅうり)
- 08 豚肉とアスパラガスのいためもの(グリーンアスパラガス)
- 22 ハーブバターのチキンカツ(グリーンアスパラガス)
- 32 とり肉と野菜のこっくり煮(ごぼう)
- 36 ごぼうチップス
- 36 牛肉とごぼうのいため煮
- 87 はくさいと青菜のクリーム煮(こまつな)

さ
- 18 豚かたまり肉とさつまいもの煮こみ
- 80 野菜と豚肉の揚げびたし(さつまいも)
- 72 かつおと香味野菜のサラダ風(サニーレタス)
- 28 とり肉のトマト煮(さやいんげん)
- 61 いかの甘から煮(さやいんげん)
- 80 野菜と豚肉の揚げびたし(さやいんげん)
- 32 とり肉と野菜のこっくり煮(さやえんどう)
- 30 とり肉ときのこのワイン蒸し(しいたけ)
- 41 焼き肉のスープかけごはん(しいたけ)
- 48 大きなひき肉だんごのスープ煮(しいたけ)
- 50 具だくさんのぎょうざ風お焼き(干ししいたけ)
- 57 さけの紙包み焼き(しいたけ)
- 91 カレー風味の焼きビーフン(しいたけ)
- 16 豚肉と野菜のグリル ピリ辛ソース(ししとうがらし)
- 19 豚肉となすのみそいため(ししとうがらし)
- 46 れんこんのつくね焼き(しその葉)
- 72 かつおと香味野菜のサラダ風(しその葉)
- 80 野菜と豚肉の揚げびたし(しめじ)
- 32 とり肉と野菜のこっくり煮(じゃがいも)
- 56 さけのムニエル タルタルソース(じゃがいも)
- 68 たいのアクアパッツァ(じゃがいも)
- 86 ミネストローネ(じゃがいも)
- 93 キャベツとソーセージのスープ煮(じゃがいも)
- 16 豚肉と野菜のソテー ピリ辛ソース(ズッキーニ)
- 26 ズッキーニのアンチョビいため
- 26 とり肉の香草焼き(ズッキーニ)
- 52 いわしのイタリアンソテー(ズッキーニ)
- 12 豚ヒレ肉のソテー 豆乳ソース(スプラウト)
- 28 とり肉のトマト煮(セロリ)
- 44 ひき肉と豆のカレー(セロリ)
- 86 ミネストローネ(セロリ)

た

- 20 だいこんと豚肉の煮もの
- 46 れんこんのつくね焼き（だいこん）
- 26 とり肉の香草焼き（タイム）
- 77 かに入りふわたま丼（ゆでたけのこ）
- 12 豚ヒレ肉のソテー 豆乳ソース（たまねぎ）
- 21 白いんげん豆と豚肉のスープ煮（たまねぎ）
- 28 とり肉のトマト煮（たまねぎ）
- 30 とり肉ときのこのワイン蒸し（たまねぎ）
- 33 とり肉のごまつけ焼き（紫たまねぎ）
- 40 ハッシュドビーフ（たまねぎ）
- 42 具だくさんのひき肉オムレツ（たまねぎ）
- 44 ひき肉と豆のカレー（たまねぎ）
- 56 さけのムニエル タルタルソース（たまねぎ）
- 57 さけの紙包み焼き（たまねぎ）
- 60 あじの酢煮（たまねぎ）
- 68 たいのアクアパッツァ（たまねぎ）
- 83 焼き野菜のマリネ（たまねぎ）
- 86 ミネストローネ（たまねぎ）
- 91 カレー風味の焼きビーフン（たまねぎ）
- 93 キャベツとソーセージのスープ煮（小たまねぎ）
- 48 大きなひき肉だんごのスープ煮（チンゲンサイ）
- 28 とり肉のトマト煮（トマト水煮缶詰）
- 44 ひき肉と豆のカレー（トマトジュース）
- 52 いわしのイタリアンソテー（ミニトマト）
- 62 いかとトマトのバジルいため（トマト）
- 68 たいのアクアパッツァ（トマト）
- 86 ミネストローネ（トマト）

な

- 90 長いもとれんこんのいためもの
- 16 豚肉と野菜のソテー ピリ辛ソース（なす）
- 19 豚肉となすのみそいため
- 83 焼き野菜のマリネ（なす）
- 41 焼き肉のスープかけごはん（にら）
- 70 さんまのかば焼き丼 ナムル添え（にら）
- 70 にらのチヂミ
- 74 たこのキムチいため（にら）
- 88 マーボーもやし（にら）
- 91 カレー風味の焼きビーフン（にら）
- 35 プルコギ（にんじん）
- 41 焼き肉のスープかけごはん（にんじん）
- 84 中華飯（にんじん）
- 91 カレー風味の焼きビーフン（にんじん）
- 92 キャベツとあさりの蒸し煮（にんじん）
- 93 キャベツとソーセージのスープ煮（にんじん）
- 24 とり肉のねぎソースがけ（ねぎ）
- 34 牛肉とブロッコリーのオイスターいため（ねぎ）
- 48 大きなひき肉だんごのスープ煮（ねぎ）
- 50 具だくさんのぎょうざ風お焼き（ねぎ）
- 58 えびとブロッコリーのマヨネーズいため（ねぎ）
- 67 かじきのソテー 韓国風ソース（ねぎ）
- 77 かに入りふわたま丼（ねぎ）
- 78 ぶりの中国風蒸し 野菜ソース（ねぎ）
- 84 中華飯（ねぎ）
- 88 マーボーもやし（ねぎ）
- 90 長いもとれんこんのいためもの（ねぎ）

は

- 84 中華飯（はくさい）
- 87 はくさいと青菜のクリーム煮
- 74 たこのキムチいため（はくさいキムチ）
- 22 ハーブバターのチキンカツ（バジル）
- 62 いかとトマトのバジルいため（バジル）
- 40 ハッシュドビーフ（パセリ）
- 66 かじきの香りパン粉焼き（パセリ）
- 20 だいこんと豚肉の煮もの（万能ねぎ）
- 30 とり肉ときのこのワイン蒸し（万能ねぎ）
- 35 プルコギ（万能ねぎ）
- 49 ひき肉あんの中国風茶碗蒸し（万能ねぎ）
- 75 さばソテーのごま酢だれ（万能ねぎ）
- 26 とり肉の香草焼き（赤ピーマン）
- 42 具だくさんのひき肉オムレツ（赤ピーマン）
- 64 うなぎととうふのいためもの（ピーマン）
- 78 ぶりの中国風蒸し 野菜ソース（ピーマン）
- 83 焼き野菜のマリネ（赤、黄ピーマン）
- 34 牛肉とブロッコリーのオイスターいため
- 56 さけのムニエル タルタルソース（ブロッコリー）
- 58 えびとブロッコリーのマヨネーズいため
- 30 とり肉ときのこのワイン蒸し（ホワイトぶなしめじ）

ま

- 36 牛肉とごぼうのいため煮（まいたけ）
- 28 とり肉のトマト煮（マッシュルーム）
- 42 具だくさんのひき肉オムレツ（マッシュルーム）
- 12 豚ヒレ肉のソテー 豆乳ソース（マッシュルーム水煮缶詰）
- 40 ハッシュドビーフ（マッシュルーム水煮缶詰）
- 31 とり肉の照り煮の親子丼（みず菜）
- 72 かつおと香味野菜のサラダ風（みょうが）
- 80 野菜と豚肉の揚げびたし（みょうが）
- 88 マーボーもやし
- 35 プルコギ（大豆もやし）
- 70 さんまのかば焼き丼 ナムル添え（大豆もやし）

ら　わ

- 65 さわらのみそ漬け焼き（ラディッシュ）
- 18 豚かたまり肉とさつまいもの煮こみ（りんご）
- 42 具だくさんのひき肉オムレツ（ルッコラ）
- 24 とり肉のねぎソースがけ（レタス）
- 44 ひき肉と豆のカレー（レタス）
- 46 れんこんのつくね焼き（れんこん）
- 76 きんめだいの煮つけ（れんこん）
- 80 野菜と豚肉の揚げびたし（れんこん）
- 90 長いもとれんこんのいためもの（れんこん）
- 76 きんめだいの煮つけ（わけぎ）

ごはん、パン、めん類

- 12 豚ヒレ肉のソテー 豆乳ソース（ごはん）
- 31 とり肉の照り煮の親子丼
- 38 ワンプレートステーキごはん
- 40 ハッシュドビーフ
- 41 焼き肉のスープかけごはん
- 42 具だくさんのひき肉オムレツ（フランスパン）
- 44 ひき肉と豆のカレー
- 70 さんまのかば焼き丼 ナムル添え
- 77 かに入りふわたま丼
- 84 中華飯
- 86 ミネストローネ（フジッリ）
- 91 カレー風味の焼きビーフン

卵

- 14 豚肉とオクラのチャンプルー
- 31 とり肉の照り煮の親子丼
- 42 具だくさんのひき肉オムレツ
- 49 ひき肉あんの中国風茶碗蒸し
- 77 かに入りふわたま丼

その他

- 26 ズッキーニのアンチョビいため（アンチョビ）
- 28 とり肉のトマト煮（黒オリーブ）
- 77 かに入りふわたま丼（きくらげ）
- 87 はくさいと青菜のクリーム煮（牛乳）
- 56 さけのムニエル タルタルソース（ケイパー）
- 33 とり肉のごまつけ焼き（ごま）
- 61 いかの甘から煮（ごま）
- 70 さんまのかば焼き丼 ナムル添え（ごま）
- 16 豚肉と野菜のソテー ピリ辛ソース（ごま）
- 35 プルコギ（ごま）
- 75 さばソテーのごま酢だれ（ごま）
- 21 白いんげん豆と豚肉のスープ煮（白いんげん豆）
- 30 とり肉ときのこのワイン蒸し（チーズ）
- 42 具だくさんのひき肉オムレツ（チーズ）
- 82 チーズ入りかぼちゃコロッケ（カマンベールチーズ）
- 12 豚ヒレ肉のソテー 豆乳ソース（豆乳）
- 14 豚肉とオクラのチャンプルー（とうふ）
- 64 うなぎととうふのいためもの（とうふ）
- 20 だいこんと豚肉の煮もの（生揚げ）
- 12 豚ヒレ肉のソテー 豆乳ソース（生クリーム）
- 42 具だくさんのひき肉オムレツ（生クリーム）
- 31 とり肉の照り煮の親子丼（焼きのり）
- 44 ひき肉と豆のカレー（ひよこ豆）
- 38 ワンプレートステーキごはん（フライドオニオン）
- 17 豚肉のソテー マスタードソース（マスタード）
- 58 えびとブロッコリーのマヨネーズいため（マスタード）
- 60 あじの酢煮（わかめ）

すぐに役立ち　一生使える
ベターホームのお料理教室

ベターホーム協会は1963年に創立。「心豊かな質の高い暮らし」を目指し、日本の家庭料理や暮らしの知恵を、生活者の視点から伝えています。活動の中心である「ベターホームのお料理教室」は、全国で開催。毎日の食事作りに役立つ調理技術とともに、食品の栄養、健康に暮らすための知識、環境に配慮した知恵などをわかりやすく教えています。

見学はいつでも大歓迎

日程など、詳しくご案内いたしますので、全国の各事務局（下記）に気軽にお問い合わせください。

資料請求のご案内

お料理教室の開講は年2回、5月と11月です。パンフレットをお送りいたします。ホームページからも請求できます。

本部事務局　　Tel 03-3407-0471
大阪事務局　　Tel 06-6376-2601
名古屋事務局　Tel 052-973-1391
札幌事務局　　Tel 011-222-3078
福岡事務局　　Tel 092-714-2411
仙台教室　　　Tel 022-224-2228

フライパンおかず

初版発行　2006年3月1日
4刷　　　2016年8月1日

編集・発行　ベターホーム協会
　　　　　　〒150-8363
　　　　　　東京都渋谷区渋谷 1-15-12
　　　　　　〈編集〉　　Tel. 03-3407-0471
　　　　　　〈出版営業〉Tel. 03-3407-4871
　　　　　　http://www.betterhome.jp

ISBN978-4-938508-76-0
乱丁・落丁はお取り替えします。本書の無断転載を禁じます。